Michael Brückner / Andrea Przyklenk

Sponsoring

Imagegewinn und Werbung

UEBERREUTER

Die Deutsche Bibliothek – CIP-Einheitsaufnahme

Brückner, Michael:
Sponsoring : Imagegewinn und Werbung / Michael Brückner/Andrea
Przyklenk. – Wien ; Ueberreuter, 1998
  (New business line ; 93) (Manager-Magazin-Edition)
  ISBN 3-7064-0468-0

S 0348   1 2 3 / 2000 99 98

Technische Redaktion: Dr. Andreas Zeiner
Illustrationen: Josef Koo
Umschlag: Kurt Rendl
Copyright © 1998 by Wirtschaftsverlag Carl Ueberreuter, Wien/Frankfurt
Printed in Hungary

Inhalt

Vorwort

Über fünf Milliarden Mark – schätzen Experten – könnten schon in naher Zukunft jährlich allein in Deutschland in Sponsoring-Projekte fließen. Dabei waren die Zuwachsraten in der Vergangenheit bereits geradezu atemberaubend: Zwischen 1985 und 1995 haben sich die Sponsoring-Aufwendungen in der Bundesrepublik sage und schreibe versechsfacht! Großunternehmen wie die Deutsche Telekom und Mercedes-Benz sind ebenso mit von der Partie wie mittelständische Unternehmen, die in zunehmendem Maße die besondere Wirkung des Sponsoring als »Werbung auf Samtpfoten« schätzen lernen. Wo die »klassische« Kommunikation an Grenzen stößt, scheint Sponsoring einen Ausweg zu zeigen. Umfragen unter Fernsehzuschauern zum Beispiel haben ergeben, daß der Sponsoring-Hinweis am Anfang und Ende eines Spielfilms kaum als störend empfunden wird. Ganz im Gegensatz zu den ständigen Werbeunterbrechungen, die beim Verbraucher kaum noch auf Akzeptanz und erst recht nicht auf interessierte Aufnahme stoßen.

Das vorliegende Buch freilich wendet sich nicht an Großsponsoren, sondern an kleine und mittelständische Unternehmen, die einerseits zwar Sponsoring als gefühlsbetonte Ergänzung ihrer Marketing-Strategie einsetzen möchten, auf der anderen Seite aber auf ihre Etatgrenzen achten müssen. Auf den nachfolgenden Seiten geht es daher vor allem um konkrete und praxisnahe Tips zur Frage: Wie kann ein Unternehmen mit überschaubarem Aufwand optimale werbliche Effekte erzielen?

Welche Form des Sponsoring paßt zum Unternehmen? Für wen lohnt sich lokales oder regionales Sponsoring? Was kostet das, und wie beteiligt man das Finanzamt an den Aufwendungen? Auf welche Imagefallen muß geachtet werden? Was gehört in einen Sponsoring-Vertrag? Antworten auf diese und zahlreiche andere Fragen finden Sie in den folgenden Kapiteln. Am Ende begeben wir uns auf die Suche nach erfolgreichen Sponsoring-Ideen, die wir Ihnen in prägnanten Steckbriefen vorstellen und analysieren.

Lernen Sie in diesem Buch die ebenso facettenreiche wie faszinierende Welt des Sponsoring kennen – einen Milliardenmarkt, von dem viele sagen, er weise bereits chaotische Züge auf. Dieses Buch vermittelt das notwendige Basis-Know-how, um sich auf diesem Markt erfolgreich zu orientieren.

Michael Brückner   Andrea Przyklenk

Teil 1:

Was spricht für Sponsoring?

Aus heutiger Sicht mag es schwer nachvollziehbar sein, dennoch gab es Zeiten, in denen sich Sponsoring nicht eben des allerbesten Ansehens erfreuen durfte. In den sechziger und siebziger Jahren nämlich waren diese Sonderwerbeformen noch weitgehend verpönt. Man sprach mißbilligend von »Schleichwerbung«, wenn irgendwann im Fernsehen auffällig unauffällig das Logo eines Unternehmens auftauchte. Nun lassen sich bekanntlich die meisten Begriffe negativ und positiv auslegen. Schleichwerbung kann heißen, daß sich ein Unternehmen Werbung unzulässigerweise »erschleicht«. Oder aber wir verstehen diesen Begriff positiv als eine Art »Werbung auf Samtpfoten«. Sponsoring kommt tatsächlich gefühlsbetonter und weniger aufdringlich daher als die klassische Werbung. Und vor allem: Es kombiniert geschickt kommerzielle Interessen mit der Wahrnehmung wichtiger gesellschaftlicher Aufgaben.

Trotzdem: Als der damalige Bundesligist Eintracht Braunschweig Anfang der achtziger Jahre seine Spieler in Trikots mit dem »Jägermeister«-Logo aufs Feld schickte, sorgte dies für beträchtliches Aufsehen. Heute hingegen ist Sport-Sponsoring nicht nur selbstverständlich, sondern ein weithin akzeptiertes Milliardengeschäft. Fast vier Milliarden Mark gaben allein deutsche Unternehmer im Jahr 1998 für Sponsoring aus. Bis zum Jahr 2001 dürften die Ausgaben in diesem Bereich auf über fünf Milliarden Mark steigen. Und längst profitiert davon nicht nur der Sport, obgleich er nach wie vor den Löwenanteil der Sponsoring-Mittel verschlingt. Mitte der achtziger Jahre begannen die ersten Unternehmen, gezielt Kultursponsoring zu betreiben, was sich zunächst als ausgesprochen schwierig erwies. Zum einen war der Übergang zwischen Mäzenatentum und Sponsoring bisweilen fließend, zum anderen wollten oder konnten Deutschlands Finanzbeamte Sport- und Kultursponsoring nicht auf eine Stufe stellen. Immer wieder kam es zu Rechtsstreitigkeiten über die steuerliche Abzugsfähigkeit von Sponsoring-Aufwendungen als Betriebsausgaben (siehe auch Teil 3). Erst zu Beginn der neunziger Jahre gewannen Sozial- und Öko-Sponsoring wahrnehmbar an Bedeutung.

Betrachten wir den Sponsoring-Markt, so wird unversehens klar, daß der Sport nach wie vor dominiert. Deutsche oder in Deutschland tätige Unternehmen gaben etwa 1996 insgesamt rund zwei Milliarden Mark für Sport-Sponsoring aus. Kultur-Sponsoring legte ebenfalls kräftig zu und erreichte 500 Millionen Mark, während knapp 200 Millionen Mark für Sozial-Sponsoring aufgewendet wurden.

Doch das Sponsoring-Potential erscheint noch lange nicht ausgeschöpft. Gerade die mittelständischen Unternehmen entdecken erst nach und nach die Chancen, die in Sponsoring stecken. Aber: Gleichzeitig steigt die Nachfrage erheblich. Staatliche Kürzungsmaßnahmen – ganz gleich, ob im sozialen, ökologischen, kulturellen oder sportlichen Bereich – zwingen Vereine, Stiftungen und andere gemeinnützige Organisationen, nach neuen Finanzierungsmöglichkeiten zu suchen.

1.1 Sponsoring vs. Mäzenatentum

Nach wie vor haben manche Sponsoren (aber auch Sponsoring-Nehmer) gewisse Probleme, dieses Kommunikations-Instrument gegenüber dem Mäzenatentum abzugrenzen. Daher erscheint es sinnvoll, zunächst die Grundbegriffe zu definieren sowie die Unterschiede aufzuzeigen. Was verstehen Sie unter Mäzenatentum?

Mäzenatentum ist, wenn _____

_____

_____

_____

_____

Und hier unsere Definition: Mäzenatentum unterscheidet sich von Sponsoring vor allem dadurch, daß der großherzige Mäzen keinerlei Gegenleistung von dem Begünstigten erwartet. Er gibt sozusagen aus freien Stücken, um zum Beispiel einen Künstler zu fördern oder um ein vom Verfall bedrohtes Kulturdenkmal zu retten. Der Mäzen steht damit gleichsam in der Tradition des Namensgebers dieser Art von Förderung, des römischen Kaiserberaters Gaius Clinius Maecenas (70 bis 8 v. Chr.). Von seiner Großherzigkeit profitierten Dichter wie Horaz, Vergil und Properz.

Die wichtigsten Unterscheidungsmerkmale zwischen Mäzenatentum und Sponsoring haben wir in der nachfolgenden Tabelle kurz zusammengefaßt.

Merkmale	Sponsoring	Mäzenatentum
Kommunikation/PR:	starke Effekte	keine Effekte
steuerliche Behandlung:	in der Regel Betriebsausgaben	gegebenenfalls als Spende absetzbar
Imagetransfer:	für das Unternehmen	allenfalls für den Mäzen
Verbreitung:	stark zunehmend	stark abnehmend
Motivation:	unternehmerischer Erfolg	»stille Förderung«

Was spricht für Sponsoring?

Bisweilen – das sei nicht verschwiegen – erweisen sich die Grenzen zwischen Sponsoring und Mäzenatentum als fließend. Wird zum Beispiel ein Sponsoring-Engagement durch das Unternehmen nicht angemessen in der Öffentlichkeit publik gemacht (ob gewollt oder ungewollt), so kommt diese Kommunikations-form dem mäzenatischen Sponsoring nahe, dessen Strategie darauf beruht, sportliche, kulturelle, soziale oder ökologische Projekte zu unterstützen, ohne diese Förderung gezielt in der Werbung oder Öffentlichkeitsarbeit herauszu-stellen. Kommunikations-Effekte ergeben sich dabei eher zufällig.

Der Expertenrat: Mäzenatentum ist Privatvergnügen. Für ein Unternehmen jedoch, das seinen Bekanntheitsgrad steigern, vom Image eines Sportlers profitieren oder sich bei einer bestimmten Zielgruppe einschmeicheln möchte, kommt ausschließlich das kommunikationsstarke Sponsoring in Betracht. Aus werblicher Sicht ist es nicht damit getan, nur Gutes zu tun. Sie müssen Ihre Wohltaten kommunizieren. Gerade in Deutschland – das bestätigen Unter-suchungen immer wieder – mangelt es häufig an einer engen Verzahnung von Sponsoring und Öffentlichkeitsarbeit. Davon später mehr.

1.1.1 »Sweetheart-Sponsoring«: Was dem Chef am Herzen liegt

Einer der führenden deutschen Sponsoring-Experten, Professor Josef Hackforth vom Institut für Sportpublizistik an der Sporthochschule in Köln, nennt es plakativ »Sweetheart-Sponsoring«. Dieser Begriff beschreibt ein immer noch weit verbreitetes Phänomen: Der Chef allein entscheidet darüber, was oder wen er sponsert. Ob das Sponsoring-Engagement nun zum Unternehmen paßt oder nicht, ist nicht die entscheidende Frage. Gefördert wird, was dem Chef gefällt. Experten gehen davon aus, daß etwa zwanzig Prozent der in der Bundesrepublik abgeschlossenen Sponsoring-Verträge allein auf die persönlichen Vorlieben des Chefs zurückzuführen sind. Auch dieses Phänomen zeigt, daß sich Sponsoring und Mäzenatentum nicht immer eindeutig abgrenzen lassen.

Welche Gefahren birgt aus Ihrer Sicht das »Sweetheart-Sponsoring«?

Ich meine, _____

_____

_____

Und hier die Meinung der Autoren:

Sponsoring muß zum Unternehmen passen. Idealerweise sollten sich alle Mitarbeiterinnen und Mitarbeiter mit dem Sponsoring-Engagement ihres Arbeitgebers identifizieren. Da die Entscheidung für »Sweetheart-Sponsoring« isoliert auf Geschäftsleitungsebene getroffen wird, erscheint es problematisch, diese Förderung wirklich angemessen und überzeugend zu kommunizieren. Kurzum: Die Vorlieben des Chefs dürfen niemals ein durchdachtes, mit den einzelnen Fachabteilungen (Marketing, Öffentlichkeitsarbeit, Werbung) bzw. Agenturen abgestimmtes Sponsoring-Konzept ersetzen.

1.2 Gute Gründe für Ihr Sponsorship

Wenn Unternehmen Jahr für Jahr Milliarden für Sponsoring aufwenden, wenn Fachagenturen wie Pilze aus dem Boden wachsen, dann muß es gute Gründe geben, die für diese Sonderwerbeform sprechen. Mit dem Kauf dieses Buches haben Sie Interesse an Sponsoring bekundet. Bevor wir tiefer in die Materie einsteigen, laden wir Sie ein, zunächst Ihre eigenen, ganz spezifischen Vorstellungen und Wünsche zu definieren. Welche Vorteile weist Sponsorship aus Ihrer Sicht auf? Welche Erwartungen verknüpfen Sie mit Sponsoring?

Hier Ihre Antworten:
Die wichtigsten Vorteile von Sponsoring gegenüber der klassischen Werbung und PR sind aus meiner Sicht:

_____

_____

_____

_____

_____

Was ich von Sponsoring erwarte:

_____

_____

_____

_____

_____

Und das meinen wir dazu:

Zunächst sollten Sie sich darüber im klaren sein, daß Sponsoring eine zusätzliche Werbeform darstellt, jedoch keine Alternative. Es ersetzt also weder die »klassische« Werbung noch die gezielte Öffentlichkeitsarbeit. Betrachten Sie Sponsoring daher immer als ergänzendes Instrument im Marketing-Mix Ihres Unternehmens. Doch nun zur Ausgangsfrage: Welche Vorteile haben Sponsor und Sponsoring-Nehmer von diesem »Geschäft auf Gegenseitigkeit«? Nehmen wir zunächst die Motive der Sponsoren, also in der Regel der Unternehmen, unter die Lupe:

● Die Unternehmen suchen nach neuen, die konventionellen Formen der Werbung ergänzenden Wegen zum Kunden. Dahinter steckt die Erkenntnis, daß die »klassische« Werbung in Gefahr steht, ein Opfer ihrer eigenen Penetranz zu werden. Ständige Werbeunterbrechungen im Fernsehen haben schon manchem Unternehmen eher geschadet als genutzt.

● Der Trend ist unübersehbar: Produkte und Dienstleistungen werden einander immer ähnlicher. In zunehmendem Maße spielt bei Kaufentscheidungen das Unternehmensimage eine Rolle.

● Sponsoring erweist sich als hervorragendes Instrument zur Imagepolitur und -pflege. Der Beitrag im Geschäftsbericht über die Förderung eines sozialen Projekts zum Beispiel überzeugt eher als staatsmännische Worte des Vorstandsvorsitzenden.

● Schließlich geht der allgemeine Marketingtrend eindeutig in Richtung erlebnisbetonter Werbung. Dazu gehört Sponsoring ebenso wie Event-Marketing (vgl. hierzu »Event-Marketing«, New Business Line 87).

Die Vorteile für den Sponsoring-Nehmer wiederum liegen auf der Hand: Er sucht nach einer Einnahmequelle, zumal mit öffentlichen Mitteln nur noch in sehr bescheidenem Umfang gerechnet werden darf. Darüber hinaus ist Sponsoring in der Regel längerfristig angelegt. Die gemeinnützige Organisation kann somit auf eine nachhaltige Unterstützung hoffen. »Strohfeuer-Effekte« sind die Ausnahme.

Sponsor und Sponsoring-Nehmer gehen freilich auch Risiken ein. Erweist sich das geförderte Projekt als Reinfall, erzielt das Unternehmen negative Kommunikations-Effekte. Sponsoring wird gleichsam zum Bumerang für das Unternehmensimage.

Darüber hinaus kann vor allem Kultursponsoring polarisieren. Das ist bisweilen erwünscht, führt bei einer eher breiten Zielgruppe jedoch schnell zu Kundenverlusten. Außerdem: Ein Unternehmen muß sich Sponsoring wirklich leisten können. Wer auf der einen Seite massiv Stellen abbaut und auf der anderen Seite einen aufwendigen Kultur-Event unterstützt, gerät sehr schnell in ein schiefes Licht.

Doch auch die Non-Profit-Organisation geht Risiken ein, wenn sie sich sponsern läßt. Sie begibt sich hinfort in eine Abhängigkeit vom Sponsor und muß häufig akzeptieren, daß sich der Geldgeber in Projekte einmischt. Zumindest besteht die Gefahr, daß nicht das objektiv Notwendige, sondern das unter Marketing-Aspekten Wünschenswerte angestrebt wird. Nicht übersehen sollte eine gemeinnützige Organisation, daß der öffentlichkeitswirksame Auftritt mit einem Sponsor die Motivation unter den Spendern reduzieren kann – nach dem Motto: »Die haben ja genug Geld von der Firma XY ...«

1.3 Die Ziele des Sponsoring

Wer sich dafür entscheidet, den Sport, kulturelles, soziales oder ökologisches Engagement mit Geld- oder Sachmitteln zu sponsern, strebt damit vorrangig folgende Ziele an:

● Imagepolitur durch Imagetransfer. Der gute Name eines erfolgreichen Sportlers oder Künstlers, der soziale Einsatz einer gemeinnützigen Organisation oder das auf breite Zustimmung stoßende Öko-Projekt soll auf den Sponsor ausstrahlen. Sponsoring eignet sich überdies vortrefflich zur Korrektur eines bestehenden Klischees.

● Erfolgreiche Zielgruppenansprache. Durch eine sorgfältige Auswahl Ihres Sponsoring-Projekts und Ihres Sponsoring-Partners erreichen Sie mit minimalen »Streuverlusten« die von Ihnen gewünschte Personengruppe.

● Steigerung des Bekanntheitsgrades sowie Vertiefung des Kontakts zu Ihren Kunden. Wenn Ihr Firmenlogo in ungewohntem Zusammenhang erscheint (etwa der Schriftzug eines Baustoffhändlers auf dem Programmheft eines Brauchtumsabends), so wird dies mit Sicherheit auf breitere Aufmerksamkeit stoßen als eine Kleinanzeige im regionalen Wochenblatt. Sie haben den Überraschungseffekt auf Ihrer Seite. Auf den Seiten »Bauen und Wohnen« der Tageszeitung erwartet man die Werbung solcher Unternehmen. Doch auf einem Programmheft für eine kulturelle Veranstaltung ...?

● Medienpräsenz. Ob Sie nun wollen oder nicht: Bei einer Fußballübertragung nehmen Sie die Banden- und Trikotwerbung automatisch zur Kenntnis. Wenn Sie zur Ausstellungseröffnung mit einem bekannten Künstler Ihrer Stadt einladen und Ihr Firmenlogo geschickt plazieren, kann kein Pressefotograf Ihrer Werbung entrinnen. Am nächsten Tag erscheinen Sie, der von Ihnen gesponserte Künstler, vielleicht einige seiner Werke und – gut sichtbar – der Schriftzug Ihres Unternehmens in der Zeitung.

● Mitarbeitermotivation. Ein Unternehmen, das gesellschaftliche Aufgaben übernimmt, den Sport oder die Künste fördert, steht in hohem Ansehen. Dies gilt gleichermaßen für die dort beschäftigten Mitarbeiter.

Worauf legen Sie den Schwerpunkt Ihres Sponsoring-Engagements? Wer sich Klarheit darüber verschafft, welches der genannten Kommunikationsziele er vorrangig erreichen möchte, tut sich später leichter, das richtige Projekt auszuwählen. Also am besten gleich notieren:

Was spricht für Sponsoring?

Vorrangig möchte ich folgende Ziele mit meinem Sponsorship erreichen:

_____

_____

_____

_____

_____

_____

_____

1.4 Strategische Ausrichtung des Sponsoring

Bevor wir uns im nächsten Teil dieses Buches ausführlicher mit den einzelnen Sponsoring-Arten sowie ihren Vor- und Nachteilen auseinandersetzen, sollten Sie sich noch überlegen, welche strategische Ausrichtung Sie mit Ihrem Sponsoring verfolgen. Drei Möglichkeiten stehen zur Auswahl:

● Branchen- oder produktbezogenes Sponsoring

● Branchen- oder produktfernes, imagebezogenes Sponsoring

● Zielgruppenspezifisches Sponsoring.

Betrachten wir uns die einzelnen Strategien etwas genauer.

Das branchen- oder produktbezogene Sponsoring: Ein Hersteller von Baustoffen oder auch örtliche Bauunternehmer könnten zum Beispiel Aktivitäten im Bereich Denkmalschutz unterstützen, der Importeur spanischer Weine etwa einen spanischen Folklore-Abend. In diesen Fällen ergibt sich ein unmittelbarer Bezug zwischen Sponsor und Sponsoring-Projekt. Das Ziel wäre, das Unternehmen innerhalb der Branche zu profilieren, den Bekanntheitsgrad zu erhöhen und die Sympathie für das entsprechende Produkt zu steigern.

Das imagebezogene Sponsoring: Erscheint bei den obengenannten Beispielen die Motivation des Sponsors einfach nachvollziehbar, so muten die Gründe für die Unterstützung von Aktivitäten, die mit dem Unternehmen an sich wenig oder gar nichts zu tun haben, eher abstrakt an. Welchen Effekt erhofft sich etwa die örtliche Sparkasse, wenn sie einen Ballettabend sponsert? In solchen Fällen steht der Imagegedanke im Vordergrund. Sponsoring im Kultur- oder noch viel stärker im Ökobereich stößt allgemein auf breite Zustimmung. Gleichzeitig demonstriert das Unternehmen – im genannten Beispiel die Sparkasse – ihre Bereitschaft, gesellschaftliche Verantwortung zu übernehmen. In einer Zeit, da Bund, Länder und Kommunen ihre Etats zusammenstreichen, bleibt etwa für die Kulturförderung meist nicht mehr viel Spielraum. In diese Bresche springt der Sponsor, der noch dazu den Beweis erbringt, daß Kultur und Kommerz eben nicht nur vereinbar erscheinen, sondern einander zunehmend bedingen. Die Motivation lautet also: positiver Imagetransfer.

Das zielgruppenspezifische Sponsoring: Was vielleicht ein wenig umständlich klingen mag, ist nichts anderes als der Versuch, gezielt mit einer bestimmten Verbraucherschicht in Kontakt zu kommen. Es könnte ja sein, daß Sie zum Beispiel verstärkt Jugendliche, Senioren oder Frauen für Ihr Produkt bzw. Ihre Dienstleistung umwerben möchten. Was die Zielgruppe Jugend angeht, so entschließen Sie sich möglicherweise, die Szene-Kultur zu fördern. Ein weiteres

Beispiel: Daß der Fußballsport in sehr starkem Maße von Brauereien gefördert wird, kommt nicht von ungefähr – auf den Rängen und vor den Fernsehapparaten sitzen die potentiellen Kunden (und das sind vornehmlich Männer).

Natürlich werden sich in der Praxis immer verschiedene Sponsoring-Strategien überschneiden. Dies gilt insbesondere für den Image- und Zielgruppenaspekt. Dennoch sollten Sie festhalten, auf welche Ausrichtung Sie bei Ihrem Sponsoring besonderen Wert legen:

_____

_____

_____

_____

_____

_____

_____

Zusammenfassung

- Das Image des Sponsoring als Sonderwerbeform hat sich seit den siebziger Jahren drastisch verbessert.

- An erster Stelle steht das Sport-Sponsoring, jedoch konnte das Kultur- und Sozial-Sponsoring in den vergangenen Jahren ebenfalls stark zulegen.

- Mit Mäzenatentum oder mäzenatischem Sponsoring erzielt das Unternehmen keine Kommunikations-Effekte.

- Das Sponsoring-Projekt sollte zum Unternehmen passen und im Einklang mit den definierten Sponsoring-Zielen stehen. Der Unternehmer darf nicht aufgrund eigener Präferenzen entscheiden.

- Sponsoring ist als Ergänzung des Marketing-Mix zu verstehen. Es ersetzt weder die »klassische« Werbung noch die Öffentlichkeitsarbeit eines Unternehmens.

● Ziele des Sponsoring können ein Imagetransfer, eine erfolgreiche Zielgruppen-ansprache, optimale Medienpräsenz, die Steigerung des Bekanntheitsgrades des Unternehmens oder die Motivation der Mitarbeiter sein.

● Legen Sie auch die strategische Ausrichtung Ihres Sponsoring-Engagements fest.

Teil 2:

Jede Menge Sponsoring-Varianten

2.1 Jeder Topf findet einen Deckel

Wenn Sie sich jetzt entschlossen haben, es auch einmal mit Sponsoring zu versuchen, fängt die Arbeit erst an. Weder die Ideen, wen oder was Sie sponsern könnten, noch die Vorstellungen über die konkrete Ausgestaltung fallen sozusagen vom Himmel. Also steigen Sie am besten gleich in die Feinarbeit ein. Als erstes sollten Sie sich entscheiden, welche Art des Sponsoring Sie wählen möchten.

Diese Sponsoring-Varianten gibt es:

- Sport-Sponsoring

- Kultur-Sponsoring

- Öko- bzw. Umwelt-Sponsoring

- Sozial-Sponsoring

In allen genannten Sponsoring-Varianten können Sie mit verschiedenen Mitteln arbeiten und Ihr Sponsorship leisten mit Hilfe von:

- Geldleistungen

- Sachleistungen

- Know-how-Transfer

Auch *was* Sie unterstützen, sollte vorab festgelegt werden. Sie können sponsern:

- eine Organisation (zum Beispiel einen Verein)

- eine Person (zum Beispiel einen Künstler oder Sportler)

- ein Projekt (zum Beispiel eine Ausstellung, eine Baumpflanzaktion)

- Informationsschriften (zum Beispiel über Drogen, über Aids)

- einen Event (zum Beispiel ein Benefizkonzert, einen sportlichen Wettbewerb)

Und das alles können Sie natürlich lokal, regional oder auch national aufziehen. Dabei werden allerdings die Grenzen durch die Art Ihres Produktes und Ihren Etat gesetzt. Einen national bekannten Spitzensportler zu sponsern kostet natürlich ein Vielfaches dessen, was Sie für die Unterstützung eines lokalen Sportvereins aufwenden müssen.

Der Expertenrat:

Unterschätzen Sie lokales oder regionales Sponsoring nicht. Besonders im Öko- und Sozialbereich erregt eine regionale oder lokale Aktion oft bundesweit Aufsehen. Dazu sollte das Projekt, das Sie unterstützen, einmalig oder außergewöhnlich sein oder aber einen Nutzen haben, der über den rein lokalen hinausgeht. Im Kulturbereich könnte das zum Beispiel die Restaurierung eines Gebäudes sein, das national bekannt ist oder das nach der Restaurierung auf eine Art und Weise genutzt wird, die es bundesweit bekannt macht.

Wir nehmen im folgenden die verschiedenen Sponsoring-Varianten unter die Lupe und zeigen Ihnen, wie Sie die für Ihr Unternehmen passende Art finden und was Sie bei der Auswahl eines Sponsoringpartners und den notwendigen Aktivitäten beachten müssen, damit das Sponsoring ein Erfolg wird.

Unser Tip:

Egal für welche Art des Sponsoring Sie sich entscheiden, am wichtigsten ist ein kontinuierliches bzw. langfristiges Engagement sowie eine sorgfältige Überlegung bezüglich der Art des Sponsoring und des Sponsoringpartners. Die Sponsoring-Art und der Sponsoringpartner müssen zum Sponsor passen und umgekehrt. Ist dies nicht der Fall, werden beide schnell unglaubwürdig. Wer glaubt schon einem Weinhändler, der Rehabilitationsmaßnahmen für Alkoholiker fördert?

Das paßt:		Das paßt nicht:	
Sponsor	**Projekt**	**Sponsor**	**Projekt**
Immobilienmakler	Restaurierung eines alten Fachwerkhauses	Zigarrenhändler	Raucheraufklärung
Motorradhändler	Sicherheitstraining für junge Fahrer	Sportwagenhersteller	Aktion »Sicherer Schulweg«
Schreinerei	Baumpflanzaktion	Tauchsportgeschäft	Seniorenausflüge
Gärtnerei	Umweltschutzprojekt	Klavierfabrik	Rockkonzert

Wichtig:

Denken Sie bei der Auswahl Ihres Sponsoringpartners nicht nur an die Glaubwürdigkeit, sondern auch an die Zielgruppe, also an Ihre Kunden. Wer an einen konservativen Kundenkreis verkauft, sollte sich auch bei der Auswahl seines Sponsoringpartners oder -projekts danach richten. Stellen Sie fetziges Zubehör für Inline-Skater her, ist es zwar sehr schön, wenn Sie ein klassisches Konzert sponsern – Ihren potentiellen Kundenkreis erreichen Sie damit jedoch nicht. Den würden Sie eher mit einem Rap-Abend oder einem Inliner-Wettbewerb zugunsten des örtlichen Jugendhauses erreichen.

2.2 Ausgereizt, aber beliebt: Sport-Sponsoring

Sport-Sponsoring ist die bei weitem beliebteste Sponsoring-Variante. Etwa zwei Milliarden Mark jährlich fließen in diesen Bereich. Das sind 66 Prozent der für alle Sponsoring-Maßnahmen in Deutschland ausgegebenen Summe. Die Beliebtheit des Sport-Sponsoring hat verschiedene Gründe.

● Sport ist bei den meisten Menschen positiv besetzt. Immerhin 25 Millionen Deutsche sind in Sportvereinen organisiert. Selbst wenn sie nicht selbst Sport treiben, schauen sich die meisten Leute gerne Sportsendungen im Fernsehen an.

● Durch herausragende Stars wie Steffi Graf und Boris Becker im Tennis, Franziska van Almsick bei den Schwimmern und Michael Schumacher in der Formel 1 stieg die Begeisterung der Sportfans für »ihren« Sport gewaltig. Sie identifizieren sich mit ihren Stars, deren Meinungen und Auftreten. Klartext: Wenn Boris Becker Tennisschuhe vom Hersteller XY trägt, müssen die gut sein. Schließlich kann Boris nicht irren.

● Sport vermittelt Dynamik, Energie und Erfolg. Abenteuer, Aufregung, Abwechslung und Begeisterung sind typische Dinge, die mit Sport assoziiert werden. Die Unternehmen möchten diese Eigenschaften gerne auf sich selbst und ihre Produkte übertragen.

Am augenfälligsten ist das Sport-Sponsoring im Großformat, wenn einzelne Spitzensportler oder Mannschaften gesponsert werden. Dort sind in der Regel auch Millionenbeträge nötig, die nur Großunternehmen aufbringen können und wollen. Für kleine und mittelständische Unternehmen ist ein solches Engagement auch gar nicht sinnvoll, denn meist vertreiben sie ihre Produkte nur regional oder aber sie arbeiten in einer Branche, die einem solchen Engagement eher mit Vorsicht oder Mißtrauen begegnen würde.

Beispiele:

Einem Unternehmen, das seine Produkte nur in 50 Kilometer Umkreis verkauft, nützt ein Michael Schumacher wenig. Das Preis-Leistungs-Verhältnis stimmt einfach nicht.

Ein Maschinenhersteller, der auf dem Trikot von Boris Becker wirbt, kann damit nicht mehr Kunden erreichen als bisher. Schließlich verkauft er in der Regel ein sehr spezialisiertes Produkt, bei dem der Kundenkreis von Anfang an begrenzt ist. Außerdem wird sich dieser Kundenkreis kaum vom Unternehmens-logo auf Beckers Brust in seiner Kaufentscheidung beeinflussen lassen. Der glückliche Sponsor wird sich überdies der Frage stellen müssen, wie derlei Großmannssucht von seinen Kunden aufgenommen wird.

Doch abgesehen vom Sponsern eines Spitzensportlers stehen auch kleinen und mittelständischen Unternehmen vielfältige Möglichkeiten des Sport-Sponsoring offen.

● Vereine

Vereine können Sie ebenfalls auf nationaler, regionaler und lokaler Ebene sponsern. Der Deutsche Sportbund zum Beispiel bietet Pakete für Sponsoren an, die entsprechend dem Budget und den Zielen des Sponsors variiert werden können.

Steigen Sie bei einem lokalen Verein ein, können Sie sich in einer bestimmten Abteilung, in der Nachwuchsförderung oder mit etwas ganz Neuem engagieren. Wie wäre es zum Beispiel mit dem Aufbau einer Abteilung, die sich speziell der sportlichen Gesundheitsförderung widmet, also eine Herzsportgruppe, Rücken-schule oder Sport für Rheumapatienten anbietet? Ihre Kenntnisse der örtlichen Verhältnisse und der beteiligten Personen wird Ihnen bei einem solchen Engagement sicher zugute kommen.

● Mannschaften

Immer wieder tun sich bestimmte Mannschaften auf regionaler und lokaler Ebene sportlich hervor. Das kann eine besonders erfolgreiche Volleyball- oder Fußballmannschaft sein, eine Tischtennismannschaft oder eine Damenturn-riege.

● Einzelne Sportler

Herausragende Talente werden zuerst auf regionaler und lokaler Ebene entdeckt. Nachwuchstalente sind stärker auf Förderung angewiesen als bereits etablierte Sportler. Sie brauchen eine gute Ausstattung, um effektiv trainieren zu können. Dazu fehlt freilich häufig das nötige Geld. Eine Chance für Sie als Sponsor: Hier ergeben sich oft relativ preiswerte Einstiegsmöglichkeiten.

● Sportarten

Sehr beliebte Sponsoringobjekte sind im Moment die sogenannten

Trendsportarten, also Inline-Skating, Freeclimbing, Beach-Volleyball usw. Wenn Sie sich auf ein solches Gebiet begeben möchten, sollte aber unbedingt ein Bezug zu Ihren Produkten bestehen, denn Sie erreichen damit wirklich nur eine relativ eng begrenzte Gruppe. Außerdem: Trends sind dazu da, um wieder zu verschwinden. Überdies sind die meisten Trendsportarten nicht oder nur wenig organisiert. Das bedeutet, es wird schwierig sein, einen verläßlichen Partner zu finden. Meist ist auch keine kontinuierliche Förderung möglich. In diesem Bereich empfiehlt es sich, einen Event, also ein Ereignis wie zum Beispiel einen Wettbewerb, zu sponsern.

Unser Vorschlag:

Wenn Sie sich im Sport-Sponsoring engagieren möchten, sollten Sie sich für ein regionales oder lokales Engagement entscheiden. Der Mitteleinsatz ist geringer, der Nutzen im Vergleich größer. Was nützt es Ihnen, als Sponsor Nummer 120 auf dem Trikot der Spieler der Fußballnationalmannschaft aufzutauchen, wenn Ihr Unternehmen nur regional tätig ist? Sponsern Sie den örtlichen Verein oder einen Nachwuchssportler, oder beteiligen Sie sich an der Organisation eines Events; Sie haben mehr davon.

2.2.1 Vorsicht, Verlierer-Image

Sport-Sponsoring ist nicht ganz unproblematisch. Deshalb ist es besonders wichtig, genau zu überlegen, wen oder was man fördern und was man damit erreichen möchte. Die größte Schwierigkeit beim Sport-Sponsoring ist die Gefahr, das Verlierer-Image eines Sportlers oder einer Mannschaft mittragen zu müssen. Wer auf einen einzelnen Sportler oder auf eine bestimmte Mannschaft setzt, kann niemals sicher sein, daß sie auf immer und ewig auf der Gewinner-seite stehen. Werden sie irgendwann zu Verlierern – egal ob im sportlichen oder privaten Bereich – färbt immer etwas davon auf das sponsernde Unternehmen ab. Das war so, als Steffi Grafs Vater der Steuerhinterziehung überführt wurde und als Franziska van Almsicks Siegesserie zu Ende ging.

2.2.2 Sport-Sponsoring auf dem Prüfstand

Vorteile	Nachteile
Sport-Sponsoring erreicht viele Menschen.	Sport-Sponsoring auf nationaler Ebene bzw. von Spitzensportlern ist teuer.
Sport wird mit positiven Begriffen assoziiert.	Gewinner können zu Verlierern werden, und der Verbraucher erwartet dann, daß der Sponsor weiterhin zu seinem Partner steht.
Spitzensportler werden zu Vorbildern und Identifikationsfiguren.	Das Engagement muß langfristig sein, wegen des Verlieresseffekts sollten jedoch nur kurzfristige Verträge abgeschlossen werden.
Sport-Förderung kann auch auf lokaler und regionaler Ebene stattfinden.	Es können sinnvoll nur Sportarten gesponsert werden, die über eine Minimalstruktur verfügen.
Engagement im Sport bietet vielfältige Möglichkeiten, beispielsweise in der Nachwuchsförderung.	Nicht jedes Unternehmen kann sich »sportlich« darstellen.

Unser Rat:

Sport-Sponsoring ist eine Möglichkeit, die viele Unternehmen nutzen können, wenn Sie auf drei Dinge achten:

1. Versuchen Sie, Ihr Engagement so auszurichten, daß Sie nicht Gefahr laufen, sich plötzlich auf der Verliererseite wiederzufinden. Das bedeutet, Sie sollten sich in Ihrem Engagement nicht auf einzelne Mannschaften oder Sportler stützen, sondern eine Sportart, einen Teilbereich innerhalb eines Sportvereins oder die Nachwuchsförderung auf Ihre Fahnen schreiben. Falls Sie sich doch dazu entschließen, einen einzelnen Sportler als Sponsoringpartner zu wählen, ist eine kurze Vertragslaufzeit (zum Beispiel ein Jahr) mit der Option auf Verlängerung wichtig.

2. Achten Sie darauf, daß Ihr Produkt und Ihre Firma nicht mit dem von Ihnen

gesponserten Partner kollidieren. Sind Ihre Kunden sehr konservativ, sollten Sie nicht gerade eine Trendsportart wie Inline-Skating fördern, sondern vielleicht doch lieber die A-Jugendmannschaft des örtlichen Fußballvereins.

3. Events sind im Sportbereich eine gute Möglichkeit, sich direkt an eine bestimmte Zielgruppe zu wenden, denn die ergibt sich meist aus dem Thema des Events (Jugendturnfestival, Freeclimbing-Wettbewerb, Jazztanz-Abend, Fußballturnier usw.).

Der Expertenrat:

Ideal ist Sport-Sponsoring für alle, die etwas herstellen oder verkaufen, das mit Sport zu tun hat. Denn sie können ihr Engagement direkt dazu nutzen, ihre Produkte auf entsprechenden Events an den Mann oder die Frau zu bringen. Außerdem muß es in einem solchen Fall nicht immer Geldsponsoring sein, Sachsponsoring ginge genauso gut. Nebeneffekt: Die Sportler laufen unter Umständen nicht nur Reklame für Ihre Produkte, sondern können Ihnen auch noch wertvolle Hinweise über die Qualität und Einsetzbarkeit Ihrer Produkte geben.

2.2.3 Entscheidungshilfen: Ja oder Nein?

Sie wissen nun einiges über Sport-Sponsoring. Unsere Checkliste soll Ihnen dabei helfen, herauszufinden, ob es für Sie eine geeignete Sponsoring-Variante ist.

Lesen Sie die folgenden fünf Fragen, und kreuzen Sie die auf Ihr Unternehmen zutreffende Antwort an:

	ja	nein
1. Stellen Sie Produkte her, die mit Sport, Bewegung oder gesunder Ernährung und Lebensweise zu tun haben, oder verkaufen Sie solche Produkte? _____	O	O
2. Sind Ihre Produkte »junge« Produkte? _____	O	O
3. Sind die potentiellen Käufer ebenfalls jung? _____	O	O
4. Möchten Sie sich langfristig als Sponsor engagieren? _____	O	O
5. Sind Sie selbst Sportler? _____	O	O

Haben Sie alle fünf Fragen mit Ja beantwortet, sind Sie im Sport-Sponsoring auf jeden Fall richtig. Am wichtigsten sind die Fragen 1 bis 3. Wer auf die Frage 1 mit Nein geantwortet hat, sollte sich noch einmal überlegen, ob Sport-Sponsoring wirklich das Richtige für ihn ist. Es sei denn, Sie möchten in die Nachwuchsförderung einsteigen und verkaufen Kinderbekleidung. Wie gesagt: Sport vermittelt Dynamik, Abenteuer und damit auch Jugendlichkeit und Fitneß. Je mehr Ihre Kunden von dieser Mischung fasziniert sind bzw. je besser sie zu diesem Profil passen, desto größer wird der Erfolg Ihrer Maßnahme sein.

2.3 Kultur-Sponsoring: Stark im Trend

Kultur-Sponsoring rangiert in der Beliebtheitsskala gleich hinter dem Sport-Sponsoring. Für Kunst und Kultur werden 19 Prozent aller Sponsoring-Gelder ausgegeben. Tendenz steigend. Der Bundesverband der Deutschen Industrie gründete sogar einen Arbeitskreis Kultursponsoring, der interessierten Unternehmen behilflich ist. Viele große Unternehmen, wie zum Beispiel Bayer, die Deutsche Bank und Siemens, haben eigene Kulturabteilungen eingerichtet, die alle kulturellen Aktivitäten des Unternehmens betreuen.

Die Vorteile kulturellen Engagements:

- Die Förderung von Kunst und Kultur wird von vielen Bürgern als notwendig erachtet, zumal sich die öffentliche Hand aufgrund von Sparzwängen immer stärker aus der Kulturförderung zurückzieht.

- Der kulturelle Bereich bietet für jeden Geldbeutel und für jedes Unternehmen Möglichkeiten, sich zu engagieren.

- Kulturelles Engagement wird als Signal für die Bereitschaft gewertet, gesellschaftliche Verantwortung zu tragen. Experten sind davon überzeugt, daß kulturelle Kompetenz in Zukunft »zum erweiterten Qualitätsbegriff eines Unternehmens« zählen wird.

Das können Sie im Kulturbereich fördern:

- Bildende Kunst, klassische und moderne Musik

- Theater, Kabarett, Kleinkunst, Vereine usw.

- Einzelne Künstler, Galerien und Museen

- Denkmalschutz

- Veranstaltungen wie Konzerte, Liederabende, Gastspiele, Open-Air-Festivals usw.

- Künstlerische Ausbildung

- Ausstellungen, Vernissagen

2.3.1 Die Angst der Kulturschaffenden

Nachteile gibt es in der Kulturförderung im Grunde genommen nicht, aber es gibt Ressentiments, Ängste und falsch verstandenes Sponsoring.
  Lesen Sie die folgenden Aussagen, und kreuzen Sie an, was Sie für richtig halten:

	stimmt	stimmt nicht
1. Als Sponsor möchte ich für meine Produkte oder meine Firma werben, zum Beispiel mit meinem Firmenlogo auf der Einladung zu einer Ausstellung, die ich unterstütze. _____	O	O
2. Ich möchte im Vorfeld meiner Entscheidung klären, ob die Werke des von mir favorisierten Künstlers auch wirklich zur Identität meiner Firma passen. _____	O	O
3. Wenn ich ein Museum fördere, möchte ich auch bei Entscheidungen über die Ausstellungsstücke mitreden. _____	O	O
4. Ein Künstler, der von mir gesponsert wird, sollte auch einmal für eine Veranstaltung zur Verfügung stehen. _____	O	O
5. Ich möchte nicht, daß ein Theater, das ich sponsere, moderne Stücke aufführt. Das werde ich auch vertraglich festlegen. _____	O	O
6. Ich fördere eine Jugendmusikschule. Bei der Auswahl der Schüler habe ich ein gewichtiges Wort mitzureden. _____	O	O
7. Ohne mein Geld könnte das Heimatmuseum morgen dicht machen. _____	O	O
8. Ich unterstütze die Seniorenwerkstatt in unserer Stadt bei besonderen Aktionen. Ich finde, die Stadt sollte die normale Förderung selbst tragen. _____	O	O
9. Mein Sponsoring-Vertrag mit der hiesigen Kleinkunstbühne legt genau fest, was beide Vertragspartner an Leistungen zu bringen haben. _____	O	O
10. In einer Kunstgalerie wird eine von unserer Firma gesponserte Ausstellung stattfinden. Zwischen den Skulpturen werden wir unsere Produkte zeigen. _____	O	O

Sollten Sie die Fragen 3, 5, 6, 7 und 10 mit »stimmt« beantwortet haben, liegen Sie falsch. Sie sind dann genau die Art von Sponsor, die Kulturschaffende und Künstler am meisten fürchten. Sie unterliegen nämlich drei gravierenden Irrtümern:

● **Irrtum 1:** Wer gesponsert wird, muß sich nach den Vorstellungen des Sponsors richten.

Wer im Kunst- und Kulturbereich sponsert, erkauft sich damit keineswegs das Recht, über die Inhalte von Kunst und Kultur zu bestimmen. Die künstlerische Freiheit darf durch Sponsoring nicht eingeschränkt werden. Deshalb sollten Sie sich bereits bei der Auswahl Ihres Sponsoring-Projekts fragen, ob es zu Ihrem Image paßt und ob die Verantwortlichen oder der Künstler mit Ihnen auf einer Wellenlänge liegen. Wer Kunst oder Kultur fördern will und gleichzeitig versucht, sie zu bestimmen, macht sich unglaubwürdig – nicht nur bei den Betroffenen selbst, sondern bei allen interessierten Kunst- und Kulturfreunden. Die haben nämlich eine sehr feine Nase, was die Einmischung in Inhalte angeht.

● **Irrtum 2:** Am besten ist es, den Sponsoring-Partner von sich abhängig zu machen.

Keine Galerie, kein Museum, keine andere kulturelle Einrichtung und kein Künstler macht sich gerne von einem Geldgeber abhängig. Das ist nämlich in der Regel der Freiheit nicht sehr zuträglich. Ein privater Geldgeber könnte entweder versuchen, auf die Inhalte Einfluß zu nehmen, oder seinen Partner – aus welchen Gründen auch immer – hängen lassen, sprich seine Unterstützung abziehen.

Außerdem ist Kultur- und Kunstförderung eine gesamtgesellschaftliche Aufgabe, deren Unabhängigkeit sich auch darin zeigt, daß sie von der öffentlichen Hand mitfinanziert wird. Nur so ist eine einigermaßen gerechte Verteilung der Mittel garantiert. Es wäre nicht klug, die staatliche Förderung vollständig durch die private zu ersetzen, denn die wäre mit Sicherheit sehr selektiv.

● **Irrtum 3:** Kunst bildet den Hintergrund für die Präsentation der Produkte des Sponsors.

Bei der Kunstförderung sollte die Kunst immer im Vordergrund stehen. Der Sponsor sollte seine Werbung dezent und passend präsentieren. Wenn Sie eine Skulpturenausstellung sponsern, sollten Sie den Skulpturen auch den nötigen (Frei)Raum gewähren. Kunstfreunde kommen in erster Linie wegen der Ausstellungsstücke und nicht wegen Ihrer Produkte. Sie empfinden es als sehr ärgerlich, wenn sie statt dessen mit Werbung und Verkaufsaktivitäten konfrontiert werden. Auch auf den Künstler wirft ein solches Verhalten ein schlechtes Licht. Viele Leute werden automatisch annehmen, daß er »gekauft« wurde.

Der Expertenrat:

Wenn Sie Ihre Produkte dennoch präsentieren möchten, dann bitte nicht aufdringlich in den Ausstellungsräumen. Lassen Sie sich vielmehr etwas Originelleres einfallen. Man könnte zum Beispiel – sofern Platz vorhanden ist – vor dem Gebäude ein Partyzelt aufbauen, in dem sich die Besucher erfrischen und gleichzeitig über den Sponsor informieren können. Versuchen Sie dabei ein Ambiente zu schaffen, das dem der Ausstellung angepaßt erscheint.

2.3.2 Das geeignete Projekt finden

Bei der Vielzahl der Fördermöglichkeiten ist es nicht einfach, das geeignete Projekt zu finden. Deshalb sollten Sie sich als erstes überlegen:

● Was möchte ich erreichen (Imageänderung, Bekanntheitsgrad erhöhen usw.)?

● Wen möchte ich damit erreichen (Kunden, Neukunden, Mitarbeiter)?

● Wie paßt mein Produkt oder meine Firma ins Konzept?

Gerade bei letzterem sollten Sie sehr sorgfältig vorgehen. Wir machen Ihnen ein paar Vorschläge:

Das Projekt und der Sponsor	Das spricht dafür ...
Eine Baufirma restauriert ein Fachwerkhaus, das zum Heimatmuseum werden soll.	● Die Baufirma hat einen direkten Bezug zum Thema Bauen und Restaurieren. ● Das Sponsoring besteht nicht nur in einer Geldleistung, sondern die Firma und ihre Mitarbeiter stehen durch persönlichen Einsatz hinter dem Projekt. ● Das gut ausgeführte Projekt ist nicht nur eine Imageverbesserung, sondern Werbung an sich.
Eine Getreidemühle unterstützt einen Vortragszyklus zu gesunder Ernährung.	● Eine Getreidemühle verarbeitet Naturprodukte und hat deshalb einen Bezug zum Thema gesunde Ernährung. ● Die Kosten halten sich in einem Rahmen, der auch für eine kleine Firma vertretbar ist. ● Die Veranstaltungen lassen sich gut mit Werbe- und Verkaufsaktionen verbinden, ohne daß es aufgesetzt und störend wirkt.
Ein Maschinenbaubetrieb stellt in seiner modernen Lobby aus Glas, Stahl und Marmor die modernen Werke eines ortsansässigen Bildhauers aus.	● Der Sponsor schlägt die Brücke vom wirtschaftlich/technischen Image zur Vielseitigkeit. ● Die Werke des Künstlers haben in der großzügigen Lobby genügend Raum, um ihre Wirkung zu entfalten. ● Besucher erhalten einen positiven ersten Eindruck des Unternehmens. ● Durch die Förderung eines ortsansässigen Künstlers wird die Verbundenheit mit dem Standort dokumentiert.

Das Projekt und der Sponsor	Das spricht dafür ...
Ein Autohaus fördert einen Wettbewerb für junge Architekturstudenten.	● Das Autohaus möchte sich vom Thema Auto, Straße, Fortbewegung entfernen und sich weltoffen zeigen. ● Die Förderung junger Menschen ist allgemein positiv besetzt.
Eine Bank stellt ihre Räume für eine Gemäldeausstellung zur Verfügung.	● Banken und Kunst passen in der Regel gut zusammen, denn die meisten Banken verfügen über genügend große Räumlichkeiten für Ausstellungen und Vernissagen. ● Gerade Banken, denen oft ein Großverdienerimage anhaftet, sollten ihre Verantwortung für gesamtgesellschaftliche Aufgaben zeigen. Die Kunst bietet sich an, weil man damit niemanden verprellt. Und darauf sollten Banken, die Kunden aus allen Bereichen haben, achten.
Ein EDV-Unternehmen sponsert ein Weiterbildungsprojekt der Stadt für Frauen.	● Computer, neue Medien und Bildung passen gut zu einem EDV-Unternehmen. ● Es besteht die Möglichkeit, durch Sachleistungen und Know-how-Transfer zu sponsern.

Wir haben Ihnen Vorschläge gemacht, die hauptsächlich auf ein kleineres Budget und lokal zugeschnitten sind, aber natürlich lassen sich auch Projekte im größeren Rahmen sowie auf regionaler und nationaler Ebene finden. Doch wie gesagt lohnt sich das nur, wenn Sie auch regional und national tätig sind. Sie können beispielsweise die »documenta« unterstützen, die Deutsche Stiftung Denkmalschutz, eine Wanderausstellung usw. Die Möglichkeiten sind nahezu unerschöpflich.

Der Expertenrat:

Wenn Sie sich national engagieren wollen, sollten Sie sich TV-Sponsoring überlegen. Sicher haben Sie schon bemerkt, daß bei vielen Fernsehsendungen
mittlerweile der Hinweis »gesponsert durch die Firma XY« erscheint. Fernsehsponsoring ist für Firmen, die ihre Produkte bundesweit absetzen, eine ideale
Möglichkeit, nationale Aufmerksamkeit zu erregen. Die Kosten dafür sind
niedriger, als man erwartet. Für die »Traumhochzeit« zum Beispiel mußten
knapp 30.000 Mark aufgewendet werden.

Bedenken Sie: Fernsehsponsoring eignet sich nur, wenn Sie Massenkundschaft
erreichen möchten. Für einen Hersteller von Spezialprodukten, der nur einen
kleinen, relativ eng begrenzten Kundenstamm hat, ist ein solches Engagement
nicht lohnend.

2.3.3 Kultur für Spezialisten

Firmen, deren Produkte nur für einen kleinen Kundenkreis gedacht sind, sollten
ihr kulturelles Engagement auch darauf ausrichten. Für sie empfiehlt sich die
Förderung von Projekten, die es ermöglichen, die Kunden (und die Mitarbeiter)
direkt einzubeziehen.

Unsere Vorschläge:

● Ausstellungen mit Extra-Führungen für Ihre Kunden

● Sponsoring eines Museums oder einer Galerie, in denen Sie dann zum Beispiel
eine VIP-Veranstaltung für Ihre Kunden durchführen können

● Förderung eines Künstlers, der sich Ihren Kunden bei einem Abendessen
vorstellt und mit ihnen diskutiert

● Förderung eines musikalischen Nachwuchswettbewerbs, bei dem Ihre Kunden
zu einem Konzert eingeladen werden

2.4 Öko-Sponsoring – eine heikle Sache?

Das Öko- oder Umwelt-Sponsoring ist ein noch relativ junger Zweig der Sponsoring-Branche. Lediglich acht Prozent der Sponsoring-Gelder werden dafür ausgegeben. Die Tendenz ist allerdings steigend. Öko-Sponsoring erscheint insofern als eine heikle Sache, als von seiten der Umweltschützer mitunter gewisse Ressentiments gegenüber der Wirtschaft bestehen. Doch es lohnt sich, dagegen anzukämpfen, denn kaum eine andere Variante des Sponsoring schafft so viel Sympathie wie das Öko-Sponsoring. Eine gesunde Umwelt ist ein Wunsch, den alle Menschen haben, deshalb können Sie mit einem Engagement in diesem Bereich kaum fehlgehen. Allerdings müssen Sie auch in keinem anderen Bereich so viel dafür tun.

2.4.1 Glaubwürdigkeit als oberstes Gebot

Wer sich im Umweltbereich engagiert, muß glaubwürdig sein. Sind die Ziele und damit der Einsatz nur oberflächlich, wird Ihnen das sehr negativ angekreidet werden. Umweltschutzorganisationen suchen sich deshalb ihre Partner sehr sorgfältig aus und schrecken nicht davor zurück, einen Sponsor abzulehnen – egal wieviel Geld er bringen würde. Für sie steht die eigene Glaubwürdigkeit gegenüber ihren Mitgliedern und Förderern auf dem Spiel. Außerdem ist der Umweltschutz ein idealistisch besetztes Gebiet. Ein Betrieb, der nicht nach umweltschonenden Grundsätzen arbeitet, sollte vom Öko-Sponsoring die Finger lassen.

Bevor Sie sich für Öko-Sponsoring entscheiden, sollten Sie Ihr Unternehmen auf den Prüfstand stellen.

- Ist der Umweltschutz ein Gedanke, der in Ihrer Unternehmensphilosophie verankert ist?

- Wird der Umweltschutzgedanke praktisch umgesetzt?

- Produziert und arbeitet Ihr Betrieb umweltfreundlich?

- Haben Sie ein Öko-Audit absolviert?

- Haben Ihre Produkte den blauen Umweltengel?

- Geht Ihr Unternehmen sparsam mit den natürlichen Ressourcen um?

- Gibt es einen Bezug zwischen Ihren Produkten und dem Umweltschutz?

Sie müssen im Umweltschutz noch nicht perfekt sein, aber Sie sollten den Gedanken bereits in Ihrer Unternehmensphilosophie verankert haben und über die ersten Anstrengungen hinaus sein. Sie könnten ein erhöhtes Engagement für eine umweltfreundliche Produktion allerdings als Aufhänger für Ihre Aktivitäten als Öko-Sponsor nehmen. Wenn Sie sich zum Beispiel entschließen, Ihren Betrieb einem Öko-Audit zu unterziehen, wäre das ein guter Anlaß, um auch öffentlich als Umweltschützer aufzutreten. Sie könnten dann innerhalb und außerhalb des Betriebs Ihren Einsatz zeigen.

2.4.2 Sorgfältiger Entscheidungsprozeß

Noch wichtiger als in anderen Bereichen ist beim Öko-Sponsoring der Bezug zwischen Sponsor und Partner oder Projekt. Ein Fruchtsafthersteller, der sich für den Schutz der Streuobstwiesen einsetzt, eine Brauerei, die sich für sauberes Wasser engagiert, oder ein Reisebüro, das in den Schutz der spanischen Extremadura investiert, sponsern Projekte, die sich logisch aus ihrer Tätigkeit bzw. den dafür verwendeten Ressourcen ergeben.

Was paßt zu Ihnen? Machen Sie eine Checkliste:

1. Was produziere ich?

2. Welche Rohstoffe brauche ich dazu?

3. Woher kommen die Rohstoffe für mein Produkt?

4. Wo und wie wird mein Produkt eingesetzt?

5. Zu welchem Umweltbereich ergeben sich aus den Antworten auf die Fragen 1 bis 4 Beziehungen?

Beispiel 1:

1. Sie produzieren hochwertige Marmeladen und Honig.

2. Dafür brauchen Sie vor allem Früchte und Bienenprodukte.

3. Sie beziehen Ihre Rohstoffe von einheimischen Landwirten und Imkern.

4. Ihr Produkt wird in Supermärkten an den Endverbraucher verkauft.

5. Beziehungen ergeben sich zur Natur insgesamt und zum Ernährungsbereich.

Durch den Einkauf Ihrer Rohstoffe bei heimischen Lieferanten zeigen Sie in gewissem Maß Umweltbewußtsein. Wenn Ihre Marmeladen und der Honig jetzt noch ohne Zusatzstoffe und in schonenden Verfahren hergestellt werden, steht einem Engagement im Umweltbereich nicht mehr viel entgegen. Für Sie wäre zum Beispiel ein Öko-Audit, anläßlich dessen Sie auch Ihre Produktion an sich umweltfreundlicher gestalten, eine gute Möglichkeit, ins Öko-Sponsoring einzusteigen. Geeignete Sponsoring-Objekte wären für Sie zum Beispiel der Schutz von Streuobstwiesen oder Feuchtbiotopen, Forschungsprojekte über Bienen (tatsächlich gibt es an der Universität Hohenheim eine Abteilung, die sich mit nichts anderem beschäftigt!), die Unterstützung von ortsansässigen Landwirten beim Einstieg in den kontrollierten ökologischen Anbau, Forschungsprojekte über allergieauslösende Stoffe in Lebensmitteln usw.

Beispiel 2:

1. Sie produzieren Maschinen.

2. Dazu brauchen Sie alle möglichen Rohstoffe und Teile.

3. Sie beziehen viele Fertigteile aus Spanien. Aus diesem Grund und weil das Geschäft gut läuft, haben Sie ein hochmodernes, nach neuesten umwelttechnischen Gesichtspunkten ausgerichtetes Werk in Spanien gebaut.

4. Ihre Maschinen werden an Firmen in aller Welt verkauft, Hauptabsatzgebiet ist jedoch Europa.

5. Der Bezug zu Spanien spricht für ein Engagement in diesem Land. Die Stiftung Europäisches Naturerbe zum Beispiel fördert einige Umweltschutz-projekte in Spanien, bei denen Sie einsteigen könnten. Den Startschuß zu Ihrem neuen Engagement könnten Sie auf einem Event anläßlich der Einweihung des neuen Werks geben, zu dem Sie selbstverständlich einen Vertreter der Stiftung als Redner sowie Ihre Belegschaft und Ihre Kunden einladen sollten.

Und noch ein Tip:

Sie können auch Öko-Sponsoring betreiben, indem Sie vom Preis jedes verkauften Produkts einen bestimmten Betrag an ein Umweltschutzprojekt oder eine Organisation abführen. Das müssen Sie natürlich auch bei Ihren Kunden publik machen. Bei einem solchen Vorhaben sollten Sie sich jedoch zuvor ausführlich über die steuerliche Seite beraten lassen.

2.4.3 Deshalb lohnt sich Öko-Sponsoring

● Wer im Umweltbereich sponsert, macht deutlich, daß er bereit ist, in einem gesellschaftlich wichtigen Feld Mitverantwortung zu übernehmen. Sie zeigen, daß Sie als Unternehmen, das Ressourcen verbraucht, ebenfalls an einer intakten Umwelt interessiert sind und auch einen Beitrag dazu leisten möchten.

● Durch Ihr Engagement für die Umwelt genießen Sie vielfach bei künftigen Problemen, zum Beispiel zwischen Ihrer Firma und der Stadtverwaltung, einen gewissen Vertrauensvorschuß. Man geht davon aus, daß Sie ein zugänglicher Mensch sind, mit dem man reden kann.

● Die Umweltverträglichkeit von Produkten oder umweltschonende Produktionsmethoden sind vor allem in privaten Haushalten immer häufiger ein Kaufargument. Auch der Verzicht auf überdimensionierte Verpackungen wird positiv registriert.

● Möglicherweise können Sie für Ihr Unternehmen vom Wissen der Öko-Experten profitieren.

● Sie treten durch das Umwelt-Sponsoring mit einer kritischen, meist auch jüngeren Zielgruppe in Kontakt, zu der Sie normalerweise keinen Zugang finden würden.

● Umwelt-Sponsoring wird möglicherweise bei Ihren Mitarbeitern dazu beitragen, sich stärker mit der Firma zu identifizieren. Vor allem dann, wenn Sie auch innerhalb der Firma dem Umweltschutzgedanken Rechnung tragen.

● Vielleicht ergibt sich aus Ihrem Umweltengagement eine enge Verbindung zur Marke oder zum Produkt. Beispiel dafür ist der Kranich der Lufthansa, der nicht nur als Symbol für die Lufthansa gilt, sondern auch für das Umwelt-Engagement der Fluglinie.

Nützliche Adresse:

Öko-Sponsoring-Börse
Franz-Josef Löbbert
Dorffeldstraße 11
48161 Münster
Telefon + Fax 02534/427

Hier können sich sowohl an Öko-Sponsoring interessierte Unternehmen als auch Gruppen und Organisationen melden, die einen Sponsor für sich oder/und ihre Projekte suchen. Die Börse hilft, geeignete Partner zusammenzubringen.

2.5 Sozial-Sponsoring: Geschäfte mit dem Elend?

Sozial-Sponsoring ist ähnlich wie das Öko-Sponsoring ein sehr sensibler Bereich. Der Sponsor unterstützt Organisationen oder Projekte, die sozial schwachen Menschen helfen. Häufig wird der Vorwurf erhoben, die Wirtschaft wolle mit dem Elend und Leid anderer Menschen ihre Geschäfte ankurbeln. Deshalb ist es sehr wichtig, daß Ihr Engagement in diesem Feld glaubwürdig und konstant ist. Außerdem sollten die Werbemaßnahmen, die Sie im Rahmen Ihres Sponsoringvertrags durchführen, sehr genau überlegt werden, sonst kann sich schnell ein Negativimage aufbauen.

Trotzdem: Sozial-Sponsoring bietet ein weites Betätigungsfeld und kann sich sehr positiv auf das Ansehen des Sponsors auswirken. Umfragen haben ergeben, daß 87 Prozent der Deutschen über 14 Jahre Öko- und Sozialsponsoring befürworten. 75 Prozent haben von Unternehmen, die dies tun, ein besonders sympathisches Bild. Das Image des »guten« Unternehmens ist oft mehr wert als jede Werbung.

1996 haben deutsche Unternehmen rund 290 Millionen Mark für die Unterstützung sozialer Gruppen und Projekte ausgegeben. Bis zum Jahr 2000 werden es voraussichtlich 350 Millionen sein. Besondere Lieblinge der Sponsoren sind dabei Kinder. Randgruppen haben es bedeutend schwerer, an Geld zu kommen. Sozial-Sponsoring steht erst am Anfang. Gegenüber der Entwicklung in Amerika, gibt es noch einiges aufzuholen. Und: Sozial-Sponsoring wird angesichts leerer Kassen immer wichtiger. Gerade im Präventionsbereich können Kommunen immer weniger Unterstützungsleistungen aufbringen.

2.5.1 Vor- und Nachteile des Sozial-Sponsoring

Das bringt Sozial-Sponsoring dem Unternehmen:

● Soziale Kompetenz. Eine Firma, die sich sozial engagiert, gewinnt gesellschaftliches Ansehen, denn soziale Fragen stehen immer stärker im Blickpunkt der Öffentlichkeit.

● Positive Auswirkungen auf den Absatz der Produkte. Unternehmen mit sozialer Kompetenz werden von den Bürgern als »besser« eingeschätzt als andere. Ihre Produkte werden eher gekauft, denn man weiß ja schließlich, daß diese Unternehmen »etwas abgeben«.

● Das Unternehmen erreicht durch das soziale Engagement Zielgruppen, die es mit herkömmlichen Werbemaßnahmen vermutlich nicht erreichen könnte.

● Sozial-Sponsoring kann zur Identifikation der Mitarbeiter mit Ihrem Unternehmen beitragen.

Der Expertenrat:

Sind Sie der Überzeugung, sich glaubhaft im sozialen Bereich engagieren zu können, sollten Sie es auch tun, denn das Sozial-Sponsoring ist bei weitem noch nicht so abgegrast wie zum Beispiel das Sport-Sponsoring. Für relativ geringe Kosten können Sie sich dort noch öffentlichkeitswirksam einsetzen. Vor allem, wenn Sie lokal oder regional agieren möchten, bieten sich Ihnen unzählige Möglichkeiten.

Vorsicht: Wird Ihr soziales Engagement erst einmal publik, müssen Sie damit rechnen, daß alle möglichen Organisationen auf Sie zukommen und um Unterstützung bitten. Lassen Sie sich jedoch nicht zum »Gießkannen-Prinzip« hinreißen. Beschränken Sie Ihren Einsatz und planen Sie ihn dafür lieber langfristig. Dafür sollte jeder Verständnis haben. Trotzdem kann es passieren, daß das örtliche Rote Kreuz oder der örtliche Jugendhausverein einmal eine Breitseite gegen Sie abfeuern wird, weil Sie eine Unterstützung abgelehnt haben. Damit müssen Sie leben.

Diese Bedenken haben die potentiellen Partner:

Der Sponsor ...

● will uns und die Schwäche unserer Klientel für Werbezwecke ausnützen.

● will auf unsere Arbeit Einfluß nehmen. Bald werden wir nur noch Projekte durchführen, die medienwirksam sind.

● zieht sich vielleicht bald wieder zurück. Dann geht es uns schlechter als vorher.

Zudem fürchtet mancher Sponsoring-Nehmer, er könnte unversehens in die Rolle eines Bittstellers gedrängt werden.

2.5.2 Was können Sie konkret erwarten?

Das können Sie im Sozialbereich unterstützen:

● internationale und bundesweite Organisationen wie zum Beispiel den Kinder-schutzbund, das Kinderhilfswerk der Vereinten Nationen, an Mucoviszidose erkrankte Kinder, die Aids-Hilfe, die Anonymen Alkoholiker usw.

● regional oder lokal zum Beispiel eine Obdach- oder Arbeitsloseninitiative, einen Unterstützungsverein für Asylanten, ein Frauenhaus, einen Altentreff, ein Jugendhaus, eine Stelle zur Suchtvorbeugung usw.

● einzelne Projekte, zum Beispiel Veranstaltungen zu Themen wie Kindes-mißbrauch, Drogen, Altenpflege, Benefizveranstaltungen zum Beispiel der lokalen Aids-Hilfe oder für den Neubau eines Jugendhauses, Aktionen des Roten Kreuzes, der Sozialstation oder anderer karitativer Organisationen.

Wofür Sie sich entscheiden, hängt von Ihrem Budget ab und von der Affinität zwischen Ihrem Unternehmen und dem Sponsoringpartner, und auch davon, wie Sie die unterstützende Kommunikation anpacken.

♦ *Machen Sie Ihr Engagement publik, aber hauen Sie nicht allzu kräftig auf die Pauke. Vermeiden Sie den Eindruck, Sie wollten am Elend anderer verdienen.*

Das nützt Ihrem Projekt	Diese Fehler sollten Sie vermeiden
Haben Sie einen langen Atem. Sollte es einmal Probleme geben, trennen Sie sich nicht gleich von Ihrem Partner.	Wer sein Engagement nach dem Gieß-kannenprinzip plant, hat weniger Effekte. Weniger ist in diesem Fall mehr.
Sehen Sie sich als Partner der Organisation, die Sie unterstützen, und nicht als Almosenverteiler.	Machen Sie Ihren Sponsoring-Partner nicht von sich abhängig.

Das nützt Ihrem Projekt	Diese Fehler sollten Sie vermeiden
Schaffen Sie durch eine kontinuierliche Pressearbeit Öffentlichkeit für Ihr Engagement. Dazu geeignet sind unter anderem Unternehmens-informationen und Veranstaltungen.	Werben Sie nicht direkt mit dem Leid anderer Menschen. Stellen Sie die Hilfeleistung in den Vordergrund.
Sehen Sie Sponsoring als ein vertraglich geregeltes Geschäft auf Gegenseitigkeit.	Versuchen Sie nicht, sich in die Arbeit Ihres Partners einzumischen. Dafür ist er selbst verantwortlich. Er mischt sich auch nicht in Ihre Unternehmens-führung ein.
Achten Sie darauf, daß Ihr Unternehmen und Ihr Engagement zusammenpassen.	Fördern Sie kein Projekt, das Ihre Unternehmenspolitik konterkariert. Wer Leute entläßt, sollte keine Arbeitsloseninitiative unterstützen.

Der Expertenrat:

Genau wie beim Öko-Sponsoring empfiehlt es sich, Ihr Unternehmen auf den Prüfstand zu stellen, bevor Sie sich für Sozial-Sponsoring entscheiden. Soziales Denken und Handeln sollten Teil Ihrer Unternehmensphilosophie sein. Ein Unternehmen, das intern nicht sozial handelt, kann sein Engagement nicht glaubhaft machen – es wird immer aufgesetzt wirken.
Konkrete Beispiele: Wer sich für Behinderte einsetzen möchte, darf nicht im eigenen Unternehmen Behinderte ablehnen. – Wer sich für eine bessere Aus-bildung von ausländischen Jugendlichen stark macht, darf nicht im eigenen Betrieb die Weiterbildung seiner Mitarbeiter sabotieren oder keine Lehrlinge einstellen. – Wer sich für einen Altentreff einsetzt, sollte nicht gleichzeitig ältere Mitarbeiter ausmustern und abzuschieben versuchen.
    Achtung – Mitarbeiter nicht unterschätzen! Unterliegen Sie nicht dem Irrtum, Ihre Mitarbeiter würden solche Widersprüche nicht bemerken. Im Gegenteil: Sie bemerken sie sehr wohl und reden in der Öffentlichkeit darüber, besonders dann, wenn sie selbst sich benachteiligt oder hinters Licht geführt vorkommen.

2.6 Events sinnvoll nützen

Ein Event ist einfach gesagt ein Ereignis. Und das können Sie natürlich auch sponsern, und zwar in allen genannten Bereichen. Im großen Stil kennen Sie das sicherlich aus dem Sport. Im Tennis zum Beispiel gibt es die Ebel German Open, im Reiten die Lancôme-Trophy, regional werden zum Beispiel die LG Athletics veranstaltet, gesponsert von der Landesgirokasse Stuttgart. Solche Art Sponsoring kann sich ein Mittelständler nicht leisten, denn die Preisgelder verschlingen riesige Summen. Doch Events lassen sich auch im Kleinen auf die Beine stellen.

Beispiele für regionale oder lokale Events:

● Fußball-Turnier zugunsten des Behindertensportvereins

● Sommerfest der lokalen Aids-Hilfe

● Benefizkonzert für das Frauenhaus

● Inline-Skating-Wettbewerb für das Jugendhaus

● Kleinklickersdorf Open – Tennisturnier für die Ausstattung des Seniorentreffs

● Der Tag der neuen Medien – für die Anschaffung von Computern für das Jugendzentrum

Ihrer Phantasie sind keine Grenzen gesetzt. Und so finden Sie Ideen:

● Überlegen Sie, welche Initiative oder Gruppe in Ihrer Stadt/Region Unterstützung braucht. Informieren können Sie sich beim Kultur- und Sportamt, bei der Gemeindeverwaltung, beim Sozialamt oder bei den Kirchen. Redakteure der lokalen Tageszeitung sind meist ebenfalls sehr gut informiert.

● Überprüfen Sie, ob der Bezug zwischen Ihrem Unternehmen und dem Sponsorpartner bzw. dem Projekt gegeben ist.

● Informieren Sie sich ausführlich über das von Ihnen favorisierte Projekt und die Gruppe, die dahinter steht. Nehmen Sie mit den betreffenden Leuten Kontakt auf, und machen Sie Vorschläge.

● Treffen Sie mit Ihrem Sponsoringpartner ein Abkommen, oder setzen Sie einen Vertrag auf, aus dem hervorgeht, was für eine Art Event stattfinden soll, wer ihn ausrichtet sowie welche Aufgaben und Rechte die beiden Partner haben.

2.6.1 Die Vorteile eines Events

● Auf einem Event haben Sie die Möglichkeit, für Ihre Produkte oder Leistungen zu werben – auch direkt. Sie können zum Beispiel Werbematerial auslegen, bei Sportveranstaltungen Plakate an der Bande anbringen usw.

● Es besteht die Möglichkeit, Ihre Produkte auszustellen und sogar zu verkaufen. Dabei sollten Sie lediglich darauf achten, daß Sie – wie bereits gesagt – nicht mit der Not anderer Menschen werben.

● Sie können Ihr Engagement als Sponsor bekannt machen.

● Ihr Einsatz ist begrenzt, aber von optimaler Wirkung, sofern Ihre und die Pressearbeit Ihres Partners stimmen.

● Sie können Kunden oder andere Personen, die für Sie und Ihr Unternehmen von Wichtigkeit sind, einladen und sich in einer entspannten Atmosphäre, zum Beispiel in einem VIP-Raum oder -Zelt mit ihnen unterhalten.

● Ihre Mitarbeiter können nicht nur bei der Durchführung des Events assistieren, sondern nehmen (eventuell mit ihren Familien) auch daran teil.

● Machen Sie Ihren Event schließlich »unvergeßlich«, indem Sie allen Besuchern ein spezielles Erinnerungsstück mitgeben, beispielsweise eine poppige Armbanduhr mit dem Firmenlogo und dem Datum des Events, oder Sie lassen extra zum Event ein spezielles Gebäck herstellen, ganz in der Tradition von Guildo Horns Nußecken.

2.6.2 Damit der Event ein Erfolg wird

Je nachdem wie groß der Event ist und wie er ausfallen soll, schaffen Sie die Organisation nicht alleine und müssen eine Agentur einschalten. Das kostet natürlich zusätzlich, nimmt Ihnen aber die direkte Verantwortung erst einmal ab.

Der Expertenrat:

Wenn Sie einen größeren Event vorbereiten, sollten Sie sich nach Ko-Sponsoren umschauen. Stellen Sie es geschickt an, können Sie sich die Arbeit sinnvoll – das heißt, entsprechend Ihren verschiedenen Tätigkeitsgebieten – aufteilen.

Was meinen Sie, ist auf einem Event, der zum Beispiel ein kulturelles Projekt sponsern soll, am wichtigsten?

_____

_____

_____

_____

_____

♦   *Die Gäste müssen sich wohl fühlen.*

Sie werden jetzt vermutlich die Meinung vertreten, am wichtigsten sei es, das Projekt, das Unternehmen und/oder seine Produkte vorzustellen. Grundsätzlich stimmt das natürlich. Aber der Event geht daneben, wenn Sie sich und Ihre Interessen dominant in den Vordergrund stellen. Schließlich sollen die Gäste das von Ihnen gesponserte Projekt entweder durch den Kauf einer Eintrittskarte oder (bei Sportveranstaltungen und anderen Wettbewerben) durch ein Startgeld oder durch Spenden mitfinanzieren. Ihr Beitrag ist die Ausrichtung des Events. Die Teilnehmer eines Events geben nur Geld aus, wenn es ihnen auf der Veranstaltung gefällt, wenn sie sich wohl fühlen.

Sie können den ganzen Event kaputt machen, wenn Sie ...

● ... ihn zu einer Verkaufsveranstaltung degradieren,

● ... die Teilnehmer mit offensiven Werbemaßnahmen für Ihr Produkt verärgern,

● ... sich als »guter Mensch von Sezuan« aufspielen,

● ... die Teilnehmer zu passiven Zuschauern machen,

● ... an den Erwartungen und Bedürfnissen Ihrer Zielgruppe vorbei agieren.

Fazit: Bei der Vorbereitung eines Events müssen die Gäste im Vordergrund stehen.

Als Veranstalter müssen Sie sich deshalb bei der Vorbereitung folgende Fragen stellen:

● Wer soll zu diesem Event kommen?

● Welche Erwartungen haben diese Leute?

● Was muß ich für ihr Wohlbefinden tun?

● In welcher Form kann ich ihnen mein Projekt nahebringen?

● Wie kann ich mich selbst einbringen, ohne die gute Grundstimmung zu zerstören?

Welche Art von Veranstaltung müßte zum Beispiel ein Autohaus organisieren, das etwas für die »Aktion Sicherer Schulweg« in der Gemeinde tun möchte? Kreuzen Sie an, was Sie für richtig und was für falsch halten:

Das nützt dem Event:

	richtig	falsch
1. Das Autohaus arbeitet für diesen Event mit der Polizei, den örtlichen Schulen und einem Autoclub zusammen. _____	O	O
2. Das Autohaus und seine Partner kündigen die Veranstaltung gemeinsam an, einmal in der Tageszeitung und über Handzettel, die in den Schulen verteilt werden. _____	O	O
3. Das Autohaus informiert die Tageszeitung und arrangiert eine Pressekonferenz mit einem Vertreter der Polizei und des Autoclubs. _____	O	O
4. Das Ereignis findet an einem Samstag statt. _____	O	O
5. Das Ereignis findet während der Schulzeit statt. _____	O	O
6. Das Ereignis findet auf dem Verkehrsübungsplatz der Polizei statt. _____	O	O
7. Das Ereignis findet auf dem Gelände des Autohauses statt. ____	O	O
8. Ein Polizist informiert die Eltern über die Gefahren, die ihren Kindern auf dem Schulweg drohen. _____	O	O
9. Für die Kinder findet eine Verlosung statt, bei der es Fahrradhelme zu gewinnen gibt. _____	O	O
10. Die Kinder können an einem Wettbewerb teilnehmen unter dem Motto »Wer ist der sicherste Radler?«. _____	O	O

Und das würden Experten für sinnvoll halten:

● Sehr wichtig ist die Zusammenarbeit mit Polizei und Schule.

● Auch die Information – wie in Vorschlag zwei dargestellt – erscheint unverzichtbar.

● Ideal wäre es, wenn das Autohaus so viel Platz zur Verfügung hätte, daß die Unterweisung der Kinder dort stattfinden könnte. Ansonsten würde es sich empfehlen, auf den Verkehrsübungsplatz auszuweichen.

● Letzteres wäre allerdings für das Autohaus weniger vorteilhaft, denn auf dem Verkehrsübungsplatz ist die Präsentation der eigenen Produkte natürlich aufwendiger. Aber die Kinder sollten unbedingt selbst etwas unternehmen dürfen. Außerdem gehört die Praxis zu einer guten Verkehrserziehung mit dazu.

● Zum sicheren Schulweg zählt auch die Wegstrecke. Sie könnten zum Beispiel ein Eltern-Kind-Training unter dem Motto »Wie helfe ich meinem Kind, sich im Verkehr zurechtzufinden?« veranstalten.

● Ideal wäre es, einen Verkehrssicherheitstag zu deklarieren, an dem verschiedene Events stattfinden: Für die Kinder der Fahrradunterricht und ein Wettbewerb als Abschluß, für die Eltern Informationen über Kinder im Straßenverkehr, über die richtige Nutzung von Kindersitzen, über die Sicherheitseinrichtungen moderner Personenwagen. Das Ganze sollte umrahmt werden von einem vernünftigen Angebot an Getränken und Speisen.

Der Expertenrat:

Wenn Sie sich diese Vorschläge konkret vor Augen führen, können Sie abschätzen, welchen Aufwand ein Event bedeutet und wie viele Mitarbeiter nötig sind, um die Idee umzusetzen. Wer zum ersten Mal eine Veranstaltung bestreiten möchte, sollte entweder Profis einschalten oder kleinere Brötchen backen.

Darauf sollten Sie achten:

Egal für welche Aktionen Sie sich bei unserem Beispiel entscheiden würden: Verlieren Sie nie aus den Augen, daß Familien, besonders Kinder, und ihre Sicherheit im Verkehr, im Vordergrund stehen. Wenn Sie den Eltern Gelegenheit geben möchten, sich mit Ihren Produkten zu befassen, sollten Sie dafür sorgen, daß auch für die Kinder, die nicht am Fahrradtraining teilnehmen möchten, jemand da ist, der sie beaufsichtigt und betreut.

Zusammenfassung

● Es gibt verschiedene Sponsoring-Varianten:

> Sport-Sponsoring
> Kultur-Sponsoring
> Öko- bzw. Umwelt-Sponsoring
> Sozial-Sponsoring

● Viele überregionale Organisationen, zum Beispiel der Deutsche Sportbund oder die Stiftung Europäisches Naturerbe schnüren Sponsoring-Pakete in jeder Größenordnung.

● Es gibt die Möglichkeit, Organisationen, Gruppen, Mannschaften oder Vereine zu sponsern, aber auch Einzelpersonen, spezielle Projekte oder Veranstaltungen.

● Problemen im Bereich Umwelt- und Sozial-Sponsoring gehen Sie aus dem Weg, wenn Sie Ihre Firmenphilosophie (im Umweltbereich auch Ihre Produkte und die Produktion) an diesen Zielen ausrichten und Projekte wählen, die zu Ihrem Unternehmen passen.

● Sie sollten zwar Ihre Sponsorentätigkeit publik machen und dabei auch Ihr Unternehmen in Szene setzen, doch im Vordergrund muß immer das Sponsoring-Projekt stehen.

● Am einfachsten umzusetzen (in der Regel aber auch am teuersten) ist Sponsoring im Sport.

● Planen Sie Benefiz-Veranstaltungen oder andere Events, sollten Sie sich von Profis beraten lassen. Die Organisation und Durchführung verlangt meist einen hohen Aufwand an Material und Personal.

● Informationen über potentielle Partner und Projekte, die Sie sponsern können, erhalten Sie zum Beispiel bei der Europäischen Sponsoring Börse (ESB), Postfach 519, CH-9100 Sankt Gallen, Tel. 0041/71/23 78 82, Fax 0041/71/23 78 87.

Teil 3:

Was kostet Sponsoring?

Die auf den vorangegangenen Seiten ausführlich beschriebenen Vorteile von Sponsoring als moderner Sonderform der Werbung mögen unbestritten sein. Wenn freilich viele kleinere und mittelständische Unternehmer diesem Kommunikations-Instrument nach wie vor mit gemischten Gefühlen gegenüberstehen, dann vor allem deshalb, weil Sponsoring weithin als ausgesprochen teuer gilt. Und in der Tat: Wer als Unternehmer mit Hilfe der Trikotwerbung einen Verein der Fußball-Bundesliga sponsern möchte, muß in der Regel mit Investitionen zwischen 0,5 und 5 Millionen Mark rechnen. Wer sich gar für ein A-Team der Formel-1-Motorsportklasse entscheidet, gerät sehr schnell in den Bereich zweistelliger Millionenbeträge.

3.1 Setzen Sie Prioritäten

Doch lassen Sie sich von solchen Summen nicht in die Irre führen. Wenn Sie eine Anzeigenschaltung in Ihrer regionalen Tageszeitung planen, fragen Sie ja auch nicht nach den Kosten für ein Vierfarb-Inserat in einem Magazin mit landesweiter Verbreitung und einer Millionenauflage. Im Klartext: Sie können eine Aktion mit zehntausend Mark oder mit einer Million sponsern. Der Vielfalt sind keine Grenzen gesetzt. Oder Sie können es machen wie jener Bäcker-meister, der den örtlichen Fußballverein an jedem Wochenende kostenlos mit frischen Brötchen versorgt. Im Gegenzug darf der Sponsor mit seinem Schriftzug gratis auf den Plakaten der Sportler werben. Sie sehen – Sponsoring ist auch mit geringsten Mitteln möglich. Wir werden Ihnen in diesem Kapitel noch einige Beispiele für diese Art von »Low-Budget-Sponsoring« vorstellen. Vorab freilich sollten Sie die gewünschte Reichweite Ihres geplanten Sponsoring-Projekts definieren.

Wo sind Ihre Kunden zu Hause? Wie breit muß Ihr Sponsorship also angelegt sein?

Unsere Kunden wohnen überwiegend ...

... in der Stadt/Gemeinde _____ O

... im Großraum (Stadt mit Umland) _____ O

... im Bundesland _____ O

... in der ganzen Republik _____ O

... in ganz Europa _____ O

Falls Ihre Kunden in ganz Europa zu Hause sind, können Sie natürlich trotzdem geographische Schwerpunkte wählen und dabei regionale Mentalitätsunter-schiede berücksichtigen. Ein Sponsoring-Projekt, das zum Beispiel in Kiel auf Begeisterung stößt, kann am Chiemsee Stirnrunzeln hervorrufen. Setzen Sie also bereits an dieser Stelle Prioritäten:

Plant Ihr Unternehmen

● lokales Sponsoring,

● regionales Sponsoring,

● bundesweites Sponsoring oder gar

● europaweites Sponsoring?

3.2 Damit sollten Sie rechnen

Eines sei vorausgeschickt: Feste »Preise« werden Sie vergeblich suchen. Die nachfolgend genannten Preise sollen nur Ihrer ersten groben Kalkulation dienen. Im Einzelfall kann die erforderliche Investition darunter, aber auch erheblich darüber liegen.

● Sponsoring auf lokaler Ebene erfordert einen Etat von mindestens 10.000, besser 20.000 Mark.

● Für regionales Sponsoring sollten Sie wenigstens 150.000 Mark einplanen.

● Bundesweites Engagement mit einem akzeptablen Kommunikations-Effekt ist unter einer Million Mark nicht zu haben.

● Europaweites Sponsoring kostet mindestens drei Millionen Mark.

Bevor Sie indessen Überlegungen über die Höhe des erforderlichen Etats anstellen, sollten Sie die folgenden drei Aspekte genau überdenken:

1. Bundes- oder gar europaweites Sponsoring kommt aufgrund des hohen Kostenaufwands nur selten in Frage. Der Schwerpunkt sollte daher auf regionalem (Landkreis oder Bundesland) oder lokalem (Stadt oder Gemeinde) Sponsoring liegen.

2. Die Unterstützung des Sports ist in den meisten Fällen weitaus teurer als Kultur-Sponsoring. Ein besonders günstiges Kosten-Nutzen-Verhältnis garantiert häufig das Umwelt- und Sozial-Sponsoring. In diesem Bereich sind für 50.000 bis 100.000 Mark Kommunikations-Effekte zu realisieren, für die ein Unternehmen im Sportsektor Millionenbeträge investieren müßte.

3. Schließlich: Legt Ihr Unternehmen Wert auf exklusives Sponsoring? Möchte es also als alleiniger Förderer von sportlichen, kulturellen oder sozio-ökologischen Engagements auftreten? Selbst Großunternehmen schließen sich mitunter zu Sponsorenkreisen zusammen. Als Beispiel sei in diesem Zusammenhang der Münchner Sponsorenkreis genannt, in dem sich 20 Großunternehmen mit dem Ziel der Kunstförderung zusammengefunden haben. Ein solcher Sponsorenkreis läßt sich auch von kleinen und mittelständischen Unternehmen ins Leben rufen. Drei Unternehmen, die zum Beispiel jeweils 50.000 Mark in einen gemeinsamen Sponsor-Topf investieren, können mit dieser höheren Summe sicherlich mehr bewegen und mithin stärkere Kommunikations-Effekte verwirklichen als jedes einzelne Unternehmen mit einem vergleichsweise geringen Etat von 50.000 Mark.

Doch Vorsicht: Mehr als drei Sponsoren werden bei einem lokalen oder regionalen Ereignis kaum wahrgenommen. Im Gegensatz zur aufwendigen Unterstützung von weltbekannten Sportlern, die selbst dann noch minutenlang auf den Fernsehbildschirmen erscheinen, wenn ihr Outfit einer Litfaßsäule mit den Namen der Sponsoren gleicht, fällt es bei Aktivitäten in kleinerem Rahmen ungleich schwerer, Ihr Sponsorship öffentlichkeitswirksam zu vermitteln. Plakate, auf denen fünf oder sechs unterschiedliche Firmenlogos prangen, Pressemitteilungen, in denen die Namen der betreffenden Unternehmen hintereinander aufgelistet werden, erscheinen hoffnungslos überfrachtet. Vorsicht ist auch angebracht, wenn sich die Mitglieder eines Sponsorenkreises unterschiedlich stark engagieren. Steht ein Partner dominant im Vordergrund, bleiben die Kommunikations-Effekte für die Ko-Sponsoren meist gering.

Kommt vor diesem Hintergrund Ko-Sponsoring für Sie in Betracht?

Ja, weil _____

_____

_____

_____

Nein, weil _____

_____

_____

_____

Folgende Ko-Sponsoren wären denkbar:

1. _____

2. _____

3. _____

3.2.1 Planen und kalkulieren Sie langfristig

Nur einmaliges Sponsoring bringt kaum den erhofften Erfolg. Und wenn, dann allenfalls kurzfristig. Anschließend verpufft die Wirkung. Sie müssen also von einem mittelfristigen Sponsorship ausgehen und Ihre Strategie für mindestens drei bis vier Jahre anlegen (eine Ausnahme bildet das sogenannte mäzenatische Sponsoring, bei dem die Öffentlichkeitswirkung eher beiläufigen Charakter hat). Entsprechend sollten die genannten Beträge eben für eine längere Periode budgetiert werden.

Bedenken Sie ferner: Sponsoring wird nur dann seine volle Wirkung in der Öffentlichkeit entfalten, wenn Sie nicht nur Gutes tun, sondern auch darüber sprechen. Pressearbeit und flankierende Werbung aber kosten Geld. Bei Ihren Kalkulationen sollten Sie daher realistischerweise davon ausgehen, daß neben der eigentlichen Sponsoring-Summe mindestens noch einmal 50 Prozent des Betrags an Nebenkosten fällig werden. Das bedeutet konkret: Selbst bei Sponsoring-Aktivitäten auf lokaler Ebene sollte insgesamt ein Etat zwischen 20.000 und 25.000 Mark pro Jahr zur Verfügung stehen.

Um sich einen ersten Überblick über die entstehenden Kosten zu verschaffen, sollten Sie sich an der folgenden Checkliste orientieren, in der die wesentlichen Punkte zusammengefaßt wurden.

Checkliste Sponsoring-Kosten

Daran sollten Sie denken ...

● Sponsoring muß mittelfristig angelegt werden. Einmalige Aktionen bringen nichts.

● Es sollten ausreichende Mittel für die Pressearbeit bereitstehen.

● »All business is local«: Bei einem kleinen Etat kommt lokales oder regionales Sponsoring in Frage.

● Grundsätzlich gilt: Erst die Budgetfrage klären, dann erst konkret planen.

● Inwieweit können Mitarbeiter des Unternehmens für die Vorbereitung freigestellt werden (Vorsicht: Unterschätzen Sie nicht den Zeitaufwand)?

3.2.2 Beispiele für »Low-budget-Sponsoring«

Wie gesagt, die genannten Beträge dürfen nur als Orientierungsrahmen verstanden werden. Mitunter lassen sich Kommunikations-Effekte mit einem erheblich geringeren und noch dazu einmaligen Einsatz erzielen. Sponsoring-Experten nennen in diesem Zusammenhang ganz spezielle Randsportarten, die nur einen recht geringen finanziellen Aufwand erfordern. Zum Beispiel eine Minigolf-Weltmeisterschaft (so etwas gibt es tatsächlich). Eine solche Veranstaltung weist einen entscheidenden Nachteil auf: Zwar handelt es sich um eine Weltmeisterschaft, doch wer nimmt einen solchen sportlichen Wettbewerb eigentlich zur Kenntnis? Sicher – alle Minigolf-Freunde, die sich durch ihre Vereinszeitung informieren lassen. Aber ansonsten ...? Bundes- oder gar europaweite Aufmerksamkeit läßt sich mit einer solchen Nischensportart sicherlich nicht erzielen. Und das bedeutet: Für Großsponsoren kommt die Unterstützung einer Minigolf-Weltmeisterschaft nicht in Betracht.

Was könnte aus Ihrer Sicht einen lokalen oder regionalen Sponsor reizen, eine solche Veranstaltung zu unterstützen?

Ich meine, _____

_____

_____

_____

Und hier unsere Antworten:

1. In der betreffenden Stadt oder Gemeinde ist das internationale Minigolf-Turnier ein Ereignis. Immerhin kommen Spieler aus ganz Europa. Für die Lokalredaktionen oder den »Heimatsport« der ortsansässigen Zeitung ist dies ebenso ein Thema wie für lokale Rundfunkanstalten.

2. Außerdem: Der finanzielle Aufwand für eine solche sportliche Veranstaltung hält sich in Grenzen.

Alles in allem also interessante Aspekte für einen lokalen Sponsor. Ein bekanntes Sportartikelgeschäft in der betreffenden Stadt könnte mit einer einmaligen Sponsoring-Investition von 10.000 Mark schon Kommunikations-Effekte erzielen – und sei es auch nur, daß der beste Minigolf-Spieler der Welt am Samstag morgen im Ladengeschäft eine pressewirksame Demonstration seines Könnens gibt.

Zweites Beispiel: In einer Stadt findet am Abend das von den Fans lange ersehnte Konzert einer beliebten Gruppe statt. Am Morgen bietet ein stadtbekannter Friseur eine »einmalige Aktion« an: Wer zwischen 9 und 12 Uhr erscheint, erhält für nur zehn Mark einen »Trendy-Haarschnitt« von Meisterhand verpaßt. Der Reinerlös fließt einer gemeinnützigen Organisation zu, deren Arbeit vor allem Jugendlichen zugute kommt. In diesem Fall besteht die Leistung des Sponsors eben nur darin, für drei Stunden Personal und Aufwand zu zahlen, ohne dafür eine kostendeckende Gegenleistung zu erhalten. Der Sponsoring-Aufwand dürfte sich somit auf ein paar hundert Mark beschränken.

Diese beiden Beispiele fallen sicher etwas aus dem Rahmen des sonst Üblichen. Dennoch mögen sie Ihnen verdeutlichen, daß es nicht in jedem Fall fünf- oder gar sechsstelliger Summen bedarf, um das Kommunikations-Instrument Sponsoring öffentlichkeitswirksam einsetzen zu können.

Wichtig: Falls sich bereits einer Ihrer Mitbewerber in starkem Maße auf dem von Ihnen ausgewählten Sektor engagiert, wird's teuer. In diesem Fall müßten Sie die Sponsoring-Investitionen Ihres Konkurrenten deutlich überbieten, um dessen dominierende Stellung angreifen und die Aufmerksamkeit der Medien und der von Ihnen angestrebten Zielgruppe erreichen zu können.

Unser Tip daher: Analysieren Sie genau die Konkurrenzsituation. Im Zweifelsfall empfiehlt es sich, andere Formen des Sponsoring zu wählen.

3.3 Geld- oder Sachsponsoring?

Nicht immer muß Geld im Spiel sein, wenn Sie ein kulturelles oder sportliches Ereignis beziehungsweise eine sozial oder ökologisch ausgerichtete Organisation sponsern möchten. Oft läßt sich durch den Einsatz von Sachsponsoring bares Geld sparen. Gerade kleinere und mittelständische Unternehmen sollten überlegen, ob diese Art der Unterstützung nicht dem klassischen Geldsponsoring vorgezogen werden sollte. Natürlich können Sie Ihr Sponsoring-Engagement auch splitten, das heißt, Sie leisten einerseits einen finanziellen Beitrag, steuern andererseits aber auch Sachleistungen bei, auf die der Veranstalter oder die gemeinnützige Organisation ohnehin angewiesen ist.

Analysieren wir die Alternative Sachsponsoring daher etwas genauer: Üblich ist dabei die kostenlose oder zumindest verbilligte Bereitstellung von Produkten des eigenen Unternehmens. Ob es sich dabei um den Druck von Broschüren oder Plakaten handelt, ob ein Computer für ein Forschungslabor zur Verfügung gestellt wird oder aber geeignetes Schuhwerk für eine Antarktisexpedition, ob das Autohaus YX dem örtlichen Rettungsdienst ein Einsatzfahrzeug überläßt oder ob eine Rehabilitationsklinik ein Videogerät erhält – all dies sind Formen des Sachsponsoring.

In manchen Fällen profitiert der Sponsor sogar zusätzlich, indem er sich auf diese Weise Expertenwissen sichert: Wie bequem ist die Sportkleidung wirklich, kommen Behinderte mit der von Ihnen entwickelten Tastatur zurecht, wie leistungsfähig ist das neue Gerät im Dauerbetrieb? Antworten auf diese und andere Fragen können Ihnen die Erfahrungen des Sponsoring-Nehmers vermitteln.

Was aber, wenn Ihr Unternehmen nicht zu den herstellenden Betrieben, sondern zur Dienstleistungsbranche zählt? Auch dann kann Sachsponsoring für Sie in Frage kommen. Das Spektrum der Möglichkeiten reicht dabei von der Werbekampagne bis zum unentgeltlichen Transport von Lebensmitteln in Krisengebiete.

Nun sind Sie wieder gefragt: Welche Dienstleistungen fallen Ihnen spontan als Instrumente des Sachsponsoring ein?

Hier meine Antwort: _____

_____

_____

_____

Und hier unsere Beispiele:
Sachsponsoring kann unter anderem folgende Dienstleistungen umfassen:

● Frankieren und Verschicken von Briefen

● Packen von Hilfspaketen

● Auslage von Informationsmaterial einer gemeinnützigen Organisation in der Schalterhalle

● Pflege der Adressendatei für eine gemeinnützige Organisation

● Organisation von Veranstaltungen

● Fahrdienste

Ebenfalls ein interessanter Aspekt: Sie können Ihrem Sponsoring-Partner für einen begrenzten Zeitraum qualifizierte Mitarbeiter »ausborgen«, die während dieser Zeit zum Beispiel das Computerprogramm einer gemeinnützigen Organisation auf Vordermann bringen, die Verwaltung entschlacken oder ein Projekt managen. Bei diesen sogenannten Secondments müßten Sie die Personalkosten übernehmen und unter Umständen noch eine Vertretung bezahlen.

3.3.1 Vor- und Nachteile des Sachsponsoring

Worin sehen Sie nach dieser kurzen Darstellung die entscheidenden Vorteile des Sachsponsoring, wobei Sie in diesem Kapitel stets den Kostenaspekt bedenken sollten?

Ich erkenne folgende Vorteile des Sachsponsoring:

1. _____

2. _____

3. _____

4. _____

Wir sehen vor allem diese Vorteile:

1. Sie benötigen keinen oder nur einen geringeren Extra-Etat.

2. Ihre Leistungen erbringen Sie sozusagen zum Selbstkostenpreis.

3. Sie können auf vorhandene Erfahrungen zurückgreifen.

4. Ihre Mitarbeiter werden kaum belastet.

Doch darf nicht verschwiegen werden, daß Sachsponsoring auch Nachteile birgt. Vor allem im steuerlichen Bereich kann Ungemach ins Haus stehen, wenn der Fiskus den Zusammenhang zwischen Sachleistung und dem Werbeeffekt für Ihr Unternehmen nicht nachvollziehen kann. Und es sei an dieser Stelle bereits respektlos vorweggenommen: Die Damen und Herren in den Finanzämtern tun sich erfahrungsgemäß außerordentlich schwer, Marketingstrategien und deren werblichen Wert für das Unternehmen zu erkennen und steuerlich entsprechend zu würdigen. Doch dazu später mehr.

Fragen Sie daher unbedingt Ihren Steuerberater, wie sich die Vergabe von Sachmitteln in Ihrem Fall vor den Augen des Fiskus darstellt. Grundsätzlich gilt: Für das Finanzamt muß klar ersichtlich sein, was Sie tatsächlich aufgewendet haben. Am besten sollte bereits aus dem Vertrag mit Ihrem Sponsoring-Nehmer hervorgehen, worin Ihre Leistung ganz konkret besteht.

Schließlich: Ob Sach- bzw. Dienstleistungen für Sie als Sponsoring-Instrumente in Frage kommen, hängt natürlich maßgeblich von Ihrem Produkt und Ihrem Wunschpartner ab. So können Sie – um ein extremes Beispiel zu wählen – als Hersteller oder Vertreiber von Luxusgütern keine Anlaufstelle für Obdachlose ausstatten. Das würde als geschmackloser Zynismus gewertet und würde Ihnen nur schlechte Kritiken einbringen.

Aus Gründen der Vollständigkeit seien an dieser Stelle auch die Vorteile des Geldsponsoring genannt. Welche Aspekte sprechen aus Ihrer Sicht für diese Variante?

1. _____

2. _____

3. _____

4. _____

Und hier unsere Antwort:

Die Pluspunkte des Geldsponsoring sind vor allem:

1. der niedrige Verwaltungsaufwand,

2. die bessere Nachvollziehbarkeit durch das Finanzamt,

3. die feinere Dosierbarkeit und

4. die höhere Planungssicherheit.

3.4 Stimmen Aufwand und Ertrag?

Ganz gleich, wie hoch Ihr Sponsoring-Etat letztlich ausfällt, ob sich Ihr Engagement unter dem Strich wirklich lohnt, hängt von der Frage ab, ob Aufwand und Ertrag in einem vernünftigen Verhältnis zueinander stehen. Und genau diese Frage gehört zu den schwierigsten bei der Prüfung eines Sponsoring-Konzeptes. Niemand vermag mit letzter Sicherheit zu beurteilen, ob die zu erwartenden Kosten wirklich angemessen erscheinen. Auf dem Sponsoring-Markt herrscht weitgehend das freie Spiel der Kräfte. Es gibt weder allgemein akzeptierte Rahmenvereinbarungen noch Richtlinien, die als Orientierungshilfe dienen könnten. Großsponsoren kalkulieren bisweilen auf der Grundlage von Anzeigenpreisen.

Ein Beispiel:
Unterstellt, eine Anzeigenseite in einem Magazin kostet 10.000 Mark, und die verkaufte Auflage liegt bei 20.000 Exemplaren. Pro Leser-Kontakt ergäbe sich bei dieser vereinfacht dargestellten Rechnung ein Preis von 0,50 Mark. Da man in der Werbung jedoch in größeren Dimensionen zu denken pflegt, ermittelt man den »Tausender-Kontakt-Preis«. Er liegt in unserem Beispiel bei 500 Mark (0,50 Mark mal 1.000 Kontakte).

Nun sollten Sie allerdings berücksichtigen, daß die Herstellung von Kontakten zu möglichen Kunden eben meist nur ein Sponsoring-Ziel darstellt (ein zweiter Aspekt ist – wie einleitend bereits erwähnt – der Imagetransfer). Überdies ergeben sich eine Fülle von Sekundäreffekten (Kontakt zu Medien, Präsentation Ihres Unternehmens in einem neuen Umfeld usw.), so daß der Preis für den Tausender-Kontakt im Bereich des Sponsoring deutlich unter dem bei der traditionellen Anzeigenwerbung liegt: je nach Art der Veranstaltung zwischen einem Viertel und einem Drittel des Anzeigentarifs.

Diese Faustformel kommt allerdings nur für Großveranstaltungen ab sechsstelligen Besucherzahlen in Betracht. Für kleinere Aktionen, wie sie üblicherweise von mittelständischen Unternehmen gefördert werden, gelten andere Preise. Diese können – je nach Art der Veranstaltung und der angesprochenen Zielgruppe – zwischen zwei und fünf Mark pro Besucher liegen. Doch wie gesagt: Dies ist ein grober Kostenrahmen. Die genannten Zahlen sind keineswegs etwa als gängige »Tarife« zu verstehen.

Lassen Sie sich von Ihrem Sponsoring-Nehmer vor einer Veranstaltung auf jeden Fall eine Kalkulation vorlegen, das heißt die Summe der Aufwendungen und die Summe der erwarteten Einnahmen gegenüberstellen. Die zwischen beiden Positionen klaffende mehr oder minder große Lücke gibt einen wichtigen Anhaltspunkt für eine realistische Einschätzung des erforderlichen Sponsoring-Volumens.

3.5 Sonderfall »Mäzenatisches Sponsoring«

Für den mäzenatischen Sponsor spielen derlei Kosten-Nutzen-Überlegungen keine große Rolle. Ihm geht es darum, eine kulturelle, soziale oder sportliche Aktivität zu unterstützen, ohne daß er dafür einen nennenswerten Kommunikations-Effekt erwartet. Dieser wird allenfalls als willkommene Begleiterscheinung gewertet, steht aber nicht im Vordergrund der Entscheidung.

Mäzenatisches Sponsoring empfiehlt sich, wenn

● die Unternehmensleitung das Sponsoring-Objekt weniger nach Marketing-Gesichtspunkten (Zielgruppenansprache, Firmen- und Produkt-Image usw.), sondern aufgrund individueller Vorlieben (etwa für die Werke eines bestimmten Künstlers) auswählt,

● der personelle Aufwand, der dem Unternehmen durch Sponsoring entsteht, so gering wie möglich gehalten und keine Agentur beauftragt werden soll,

● das Unternehmen sich mit vergleichsweise geringen Öffentlichkeitseffekten zufriedengibt.

3.6 Methoden zur Erfolgskontrolle

Angenommen, Sie haben einen größeren Betrag in ein Sponsoring-Projekt investiert. Natürlich interessieren Sie sich dafür, auf welche Resonanz diese Art der Werbung gestoßen ist, denn nur anhand des Erfolgs können Sie letztlich feststellen, ob sich der ganze Aufwand lohnt. Der Wunsch nach einer möglichst aussagekräftigen Erfolgskontrolle erscheint legitim. Allein – wirklich verläßliche Instrumentarien, mit denen Sie den Erfolg oder Mißerfolg Ihres Sponsorships feststellen können, gibt es nicht. Und die subtilen Formen der Demoskopie und der Marktforschung übersteigen normalerweise die finanziellen Möglichkeiten von kleinen und mittleren Unternehmen. Tatsächlich gibt es aber zumindest drei kostengünstige Möglichkeiten, die kurz- bis mittelfristige Wirkungsweise Ihrer Sponsoring-Aktivitäten zu testen. Selbst wenn die dabei gewonnenen Erkenntnisse sicher nicht als repräsentativ angesehen werden dürfen, lassen sie aber doch zumindest interessante Rückschlüsse zu.

Und hier die drei Bewertungsmethoden im einzelnen:

1. Wie reagiert die Presse auf Ihr Sponsorship?

Stellen Sie für den Zeitraum Ihrer Sponsoring-Aktivitäten eine sorgfältige Medienbeobachtung sicher. Diese erfordert bei lokalem oder regionalem Sponsoring relativ wenig Aufwand. Handelt es sich nicht gerade um eine Großstadt, so sind in den meisten Regionen höchstens zwei Lokalzeitungen vertreten. Hinzu kommen freilich noch die zahlreichen kostenlosen Anzeigenblätter; viele von ihnen haben ihren redaktionellen Teil mittlerweile erheblich ausgebaut. Zu erwähnen wären in diesem Zusammenhang eventuelle Stadtmagazine, die Publikationen der Industrie- und Handels- beziehungsweise der Handwerkskammern, die Fachmagazine Ihrer Branche, gegebenenfalls die Bistumszeitungen und natürlich die Radiosender in Ihrer Region. Sammeln Sie zunächst alle Beiträge, die über Ihr Förderengagement und über die von Ihnen gesponserte Veranstaltung beziehungsweise den von Ihnen unterstützten Sportler erscheinen. Rundfunkberichte sollten Sie nach Möglichkeit auf Band aufnehmen, zumindest aber Sendezeit und -dauer sowie die Häufigkeit der Erwähnung Ihres Firmennamens notieren.

Beurteilen Sie die Beiträge nach folgenden Kriterien:

a. Wie viele mögliche Leser (potentielle Kunden) wurden damit erreicht, wie hoch ist die Auflage des Magazins/der Zeitung?

_____

_____

_____

b. In welchem Umfeld erschienen die Beiträge (Lokales, Sport, Kultur)?

_____

_____

_____

c. Wie oft erscheint der Name Ihres Unternehmens in dem Bericht? Wurden Fotos veröffentlicht (ein Bild sagt bekanntlich mehr als tausend Worte), ist Ihr Firmenlogo darauf zu erkennen?

_____

_____

_____

d. Radiobeiträge sollten Sie unterschiedlich gewichten. Ein Beitrag morgens zwischen 7 und 9 Uhr oder nachmittags zwischen 16 und 18 Uhr bringt überdurchschnittliche Öffentlichkeitseffekte. Wann wurden die Beiträge also ausgestrahlt?

_____

_____

_____

2. Wie reagieren Ihre Mitarbeiter auf Ihr Sponsoring?

Beim lokalen und regionalen Sponsoring sollten Sie eine zweite, ungleich einfachere Methode nutzen, um den Erfolg Ihres Engagements zu testen: Fragen Sie Ihre Mitarbeiter. Denn diese dürften – sofern sie für das Sponsorship des Unternehmens entsprechend sensibilisiert wurden – genau hinhören, was zum Beispiel die Besucher einer Ausstellung, Freunde des Sports oder umweltbewußte Bürger der Stadt von Ihrer Förderaktivität halten. Ihre Mitarbeiter erweisen sich in dieser Situation gleichsam als Botschafter vor Ort. Sie sollten sie deshalb ermuntern, ganz offen über alle positiven und negativen Äußerungen zu berichten und diese in einer kurzen – gegebenenfalls auch anonymen – Notiz festzuhalten.

Was sagen also Ihre Mitarbeiter? Am besten gleich notieren:

_____

_____

_____

_____

_____

3. Wie reagiert das Publikum auf Ihr Sponsoring?

Mitunter besteht die Möglichkeit, am Veranstaltungsort Werbematerialien Ihres Unternehmens mit Antwort- beziehungsweise Anforderungskarten auszulegen (zum Beispiel bei Ausstellungen und Konzerten). Die Rücklaufquote ist in solchen Fällen zwar stets relativ gering, dennoch kann auch der Umfang dieser Resonanz einen Hinweis darauf geben, ob die von Ihnen gesponserte Aktion wirklich »angekommen« ist.

All diese Erkenntnisse sollten Sie in die Lage versetzen, die nachfolgende kurze Checkliste auszufüllen.

Checkliste: Ihr Sponsorship – Top oder Flop?

                                                ja   nein

1. Stehen die erzielten Öffentlichkeitseffekte in einem vertretbaren Verhältnis zum Sponsoring-Aufwand? _____ O O

2. Wurde Ihr Unternehmen in der Öffentlichkeit in einem positiven Umfeld dargestellt? _____ O O

3. Wurde die angestrebte Zielgruppe erreicht? _____ O O

4. Müssen die Planungen für künftige Aktivitäten verbessert werden? _____ O O

Welche Schlüsse ziehen Sie aus diesen Erkenntnissen für Ihr nächstes Sponsoring-Engagement?

a) Wir machen es wie bisher, denn das Konzept hat sich bewährt _____ O O

b) Wir stellen unser Sponsorship ein – es rechnet sich einfach nicht. _____ O O

c) Wir planen für das nächste Mal folgende Verbesserungen:

_____

_____

_____

_____

_____

3.7 Wie Sie den Fiskus beteiligen

Eigentlich ist die Sache eindeutig und nachvollziehbar: Sie setzen Sponsoring als ein modernes Kommunikations-Instrument ein, um das Image Ihres Unternehmens aufzupolieren oder dessen Bekanntheitsgrad zu erhöhen. Prosaischer formuliert: Sie geben – wie auch bei der »klassischen« Werbung – zunächst einmal Geld aus in der Hoffung, künftig mehr zu verdienen. Keine Frage also, es handelt sich um Betriebsausgaben, die Sie steuerlich geltend machen können. Anders ausgedrückt: Sie beteiligen den Fiskus an Ihren Sponsoring-Aktivitäten. Soweit die Theorie, die zumindest die Logik auf ihrer Seite hat. Nun wissen wir aber, daß die steuerliche Gesetzgebung und deren Anwendung durch die Finanzämter nicht immer von logischen Überlegungen durchdrungen ist. Und so gab es in der Vergangenheit häufig Streit, welche Sponsoring-Aufwendungen nun als Betriebsausgaben abzugsfähig sind und welche nicht. Seit 1997 gelten eindeutigere Regelungen, auf die sich die Ministerien von Bund und Ländern verständigt haben.

Wichtig: Die nachfolgenden Ausführungen gelten nur für die Bundesrepublik Deutschland. In Österreich hingegen zeigten sich die Finanzbehörden in den vergangenen Jahren ohnehin sehr viel großzügiger, wenn es um die Frage ging, inwieweit Sponsoring-Aufwendungen als steuermindernde Betriebsausgaben anzusehen sind.

3.7.1 Steueraspekte aus Sicht des Sponsors

Während Aufwendungen für Sport-Sponsoring von den Finanzämtern auch früher schon in der Regel als Betriebsausgaben anerkannt wurden, tat sich der Fiskus mit Kultur-, Öko- oder Sozial-Sponsoring ungleich schwerer. Das hat einen menschlichen, allzumenschlichen Grund: Wenn Fußballspieler auf ihren Trikots für eine bestimmte Versicherung werben, dann erkennt sogar ein Finanzbeamter, dem die Instrumentarien des modernen Marketing nicht unbedingt geläufig sind, daß hier eindeutig ein Werbeeffekt besteht. Fördert ein Unternehmen aber den Erhalt eines Feuchtbiotops am Stadtrand, so wird es für einen Außenstehenden schon schwieriger, den werblichen Charakter dieses Engagements auszumachen.

Mittlerweile indessen haben die Finanzbehörden Sport-, Kultur-, Sozial- und Öko-Sponsoring auf eine Stufe gestellt; das heißt, für alle Erscheinungsformen des Sponsoring müssen steuerlich die gleichen Bewertungskriterien angelegt werden.

Das sagt der Fiskus (Auszüge aus einem Schreiben des deutschen Bundesministeriums der Finanzen an die Obersten Finanzbehörden der Länder zur »Ertragsteuerlichen Behandlung des Sponsoring« vom 9. Juli 1997):

I. Begriff des Sponsoring

»Unter Sponsoring wird üblicherweise die Gewährung von Geld oder geldwerten Vorteilen durch Unternehmen zur Förderung von Personen, Gruppen und/oder Organisationen in sportlichen, kulturellen, kirchlichen, wissenschaftlichen, sozialen, ökologischen oder ähnlich bedeutsamen gesellschaftspolitischen Bereichen verstanden, mit der regelmäßig auch eigene unternehmensbezogene Ziele der Werbung oder Öffentlichkeitsarbeit verfolgt werden ...«

Dadurch ist klar, daß zum Beispiel Sport-Sponsoring nicht mehr bevorzugt werden darf. Die steuerlichen Regelungen gelten – wie erwähnt – für alle Varianten des Sponsoring. Festgeschrieben hat der Gesetzgeber überdies das dem Sponsoring zugrundeliegende Prinzip »Leistung gegen Gegenleistung«. Das Unternehmen muß also entweder werbliche und/oder PR-Effekte aus seinem Sponsoring-Engagement ziehen.

II. Berücksichtigung als Betriebsausgaben

Originalton Ministerium: »Aufwendungen des Sponsors sind Betriebsausgaben, wenn der Sponsor wirtschaftliche Vorteile ... für sein Unternehmen erstrebt oder für Produkte seines Unternehmens werben will. Das ist insbesondere der Fall, wenn der Empfänger der Leistung auf Plakten, Veranstaltungshinweisen, in Ausstellungskatalogen, auf den von ihm benutzten Fahrzeugen oder anderen Gegenständen auf das Unternehmen oder auf die Produkte des Sponsors werbewirksam hinweist. Die Berichterstattung in Zeitung, Rundfunk oder Fernsehen kann einen wirtschaftlichen Vorteil ... begründen, insbesondere wenn sie in seine Öffentlichkeitsarbeit eingebunden ist oder der Sponsor an Pressekonferenzen oder anderen öffentlichen Veranstaltungen des Empfängers mitwirken und eigene Erklärungen über sein Unternehmen oder seine Produkte abgeben kann. Wirtschaftliche Vorteile für das Unternehmen des Sponsors können auch dadurch erreicht werden, daß der Sponsor durch Verwendung des Namens, von Emblemen oder Logos des Empfängers oder in anderer Weise öffentlichkeitswirksam auf seine Leistungen aufmerksam macht.«

Diese Passage räumt Ihnen als Sponsor eine ganze Palette von Möglichkeiten ein, wie Sie Ihr Engagement werbewirksam publik machen können. Allein Ihr Firmenlogo auf den Eintrittskarten für ein Konzert reicht aus, um die Auflagen des Fiskus zu erfüllen. In diesem Fall sind Ihre Aufwendungen als steuermindernde Betriebsausgaben anzusehen – ohne Wenn und Aber.

III. Nichtabzugsfähige Kosten

»Als Sponsoringaufwendungen bezeichnete Aufwendungen, die keine Betriebsausgaben und keine Spenden sind, sind nicht abzugsfähige Kosten der privaten Lebensführung. Bei entsprechenden Zuwendungen einer Kapitalgesellschaft können verdeckte Gewinnausschüttungen vorliegen, wenn der Gesellschafter durch die Zuwendungen begünstigt wird, zum Beispiel eigene Aufwendungen als Mäzen erspart.«

Im Klartext bedeutet dies: Sponsoring darf nicht das Privatvergnügen des Unternehmens sein, sondern es muß einzig und allein dem Unternehmen dienen. Wenn zum Beispiel der Firmeninhaber zu seiner Geburtstagsfeier eine Band verpflichtet, so kann er deren Honorar natürlich nicht als »Kultur-Sponsoring« geltend machen.

Fünf Tips, wie Sie Probleme mit dem Fiskus vermeiden

1. Schließen Sie mit Ihrem Sponsoring-Nehmer auf jeden Fall einen Vertrag, aus dem dessen Gegenleistungen für Ihre Zuwendungen eindeutig hervorgehen.

2. Binden Sie – so vorhanden – die Werbe- und Presseabteilung Ihres Unternehmens eng in die Sponsoring-Aktivitäten ein. Es darf nicht der Eindruck entstehen, als sei Ihr Engagement das Privatvergnügen des Inhabers oder Geschäftsführers.

3. Sammeln Sie alle Presseveröffentlichungen – auch für das Finanzamt. So fällt es Ihnen später leicht, den PR-Effekt Ihres Sponsoring ganz konkret nachzuweisen.

4. Achten Sie darauf, daß kein »krasses Mißverhältnis zwischen den Leistungen und dem erstrebten wirtschaftlichen Vorteil entsteht«, wie dies das Bundesfinanzministerium formuliert. Dann nämlich lassen die Finanzämter Ihre Sponsoring-Aufwendungen nicht als Betriebsausgabenabzug durchgehen. Eine

Brauerei, die ihr Bier ausschließlich regional vertreibt, sollte zum Beispiel nicht einige Millionen für bundesweites Sponsoring ausgeben.

5. Sprechen Sie sicherheitshalber vor Ihrem Sponsoring-Engagement mit Ihrem Steuerberater.

Wichtige Informationen zur steuerliche Behandlung von Sponsoring können Interessenten auch kostenlos unter der folgenden Internet-Adresse abrufen: http://www.sociella.de

3.7.2 Steueraspekte aus Sicht des Sponsoring-Nehmers

Auch die Sponsoring-Nehmer – zum Beispiel gemeinnützige Institutionen wie Musik- oder Kunstvereine – hatten in der Vergangenheit öfter mal Ärger mit dem Fiskus. Lagen nämlich ihre Sponsoring-Einnahmen pro Jahr über 60.000 Mark, so mußten ebenfalls Steuern gezahlt werden. Der Verein mußte zudem nachweisen, daß kein »wirtschaftlicher Geschäftsbetrieb« vorliegt. Das Bundesfinanzministerium schuf auch in dieser Hinsicht Klarheit: Einnahmen aus Sponsoring sind für steuerbegünstigte Körperschaften (das sind in der Regel alle gemeinnützigen Organisationen) steuerfrei, wenn sich der Sponsoring-Nehmer öffentlich bei seinem Sponsor bedankt. Dies kann auf Plakaten, Programmheften oder in Ausstellungskatalogen geschehen. Ein »Dank« kann überdies darin bestehen, daß der Sponsoring-Nehmer dem Sponsor die Verwendung seines Namens, Emblems oder Logos gestattet. So kann es für ein Unternehmen etwa Sinn machen, seine Anzeigen mit dem Logo einer angesehenen Umwelt-Organisation zu schmücken.

Eine andere Situation entsteht für den Sponsoring-Nehmer, wenn er als Gegenleistung für die Zuwendungen selbst wirtschaftlich aktiv wurde und zum Beispiel ein Werbekonzept für seinen Sponsor erarbeitete. In diesem Fall liegt ein »wirtschaftlicher Geschäftsbetrieb« vor. Einnahmen über 60.000 Mark pro Jahr müssen dann versteuert werden.

3.8 Der Sponsoring-Vertrag

Im Sponsoring-Geschäft geht es bisweilen so leger und spontan zu, wie man es von kreativen Menschen im allgemeinen erwartet. Doch so sympathisch das im ersten Moment auch klingen mag, ganz ohne Formulare geht selbst diese Sache nicht. Ein klares Sponsoring-Konzept und ein darauf gründender Vertrag ersparen beiden Parteien später Unklarheiten oder sogar einen Rechtsstreit mit ungewissem Ausgang. Ganz abgesehen davon könnte sich – wie im vorhergehenden Abschnitt erläutert – sogar das Finanzamt für Ihren Sponsoring-Vertrag interessieren.

3.8.1 Die unverzichtbaren Inhalte von Sponsoring-Verträgen

Sofern Sie mit Ihrem Partner einig werden, sollten Sie das Sponsoring-Konzept zum Gegenstand des Sponsoring-Vertrags machen. Bedenken Sie aber, daß in einem solchen Vertrag weitere wichtige Details geklärt werden müssen.

Welche Fragen sollten aus Ihrer Sicht in einem Sponsoring-Vertrag geregelt sein?

Und hier unsere Antworten:

Geklärt werden sollten

● der definitive Umfang Ihrer Geld- und/oder Sachleistungen,

● die Zahlungsbedingungen,

● sämtliche Nutzungsrechte für Namen, Bilder, Texte und Lizenzen,

● die Laufzeit des Vertrags,

● die Modalitäten der Kündigung,

● alle Haftungs- und Versicherungsfragen.

Nachfolgend haben wir für Sie zwei Musterverträge zusammengestellt, in denen die wichtigsten Punkte enthalten sind. Für kleinere und zeitlich befristete Sponsoring-Aktivitäten reichen solche Standardvereinbarungen wohl aus. Falls Sie jedoch an ein langfristiges Engagement mit höheren Summen denken, sollten Sie den Rat eines in solchen Fragen erfahrenen Anwalts einholen. Dies gilt aber nur dann, wenn Sie mit größeren Summen ins Sponsoring-Geschäft einsteigen möchten. Von »größeren Summen« hat naturgemäß jeder eine andere Vorstellung. Grober Anhaltspunkt: Bei jährlichen Sponsoring-Aufwendungen von mehr als 50.000 Mark sollten Sie fachmännischen Rat in Anspruch nehmen.

1. Beispiel auf Seite 77/78: Ein Unternehmen unterstützt einen Künstler, der seine Werke vom Sponsor zu werblichen Zwecken einsetzen läßt.

2. Beispiel auf Seite 78 bis 80: Ein Unternehmen unterstützt ein Konzert. Die Gegenleistungen werden im Vertrag beschrieben.

SPONSORING-VERTRAG

Zwischen der Firma ... (Sponsor)
und
dem freien Künstler ... (Sponsoring-Nehmer)

Punkt 1:

Der Sponsor leistet an den Sponsoring-Nehmer für die in Punkt 2 beschriebenen Leistungen eine Zuwendung in Höhe von insgesamt 15.000 Mark. Dieser Betrag wird in drei Tranchen zu jeweils 5.000 Mark auf ein vom Sponsoring-Nehmer zu nennendes Konto überwiesen, und zwar zu folgenden Terminen: ...

Punkt 2:

Der Sponsoring-Nehmer verpflichtet sich zur Erstellung eines Bildes mit dem Sujet ... Die künstlerischen Einzelheiten sind im Sponsoring-Konzept verankert und werden zum Bestandteil dieses Vertrags. Das Werk muß bis zum ... fertiggestellt sein. Kommt es zu Verzögerungen, die über eine angemessene Nachfrist von ... Kalendertagen hinausreichen, hat der Sponsor das Recht, vom Vertrag zurückzutreten. In diesem Fall hat der Sponsoring-Nehmer keine weiteren Ansprüche gegenüber dem Sponsor.

Punkt 3:

Der Sponsoring-Nehmer duldet ausdrücklich die Nutzung des in Punkt 2 beschriebenen Kunstwerks zu werblichen Zwecken durch den Sponsor. Darüber hinaus duldet der Sponsoring-Nehmer die Nutzung seines Namens und seiner Urheberrechte an diesem Kunstwerk zu werblichen Zwecken.

Punkt 4:

Die Laufzeit dieses Vertrags endet automatisch am ... Beide Parteien haben das Recht, diesen Vertrag aus wichtigem Grund fristlos zu kündigen. Hierzu zählen insbesondere vorsätzliche oder grob fahrlässige Vertragsverstöße.

→

Punkt 5:

Zusätzliche Vereinbarungen

_____

_____

_____

_____

Punkt 6:

Beide Parteien verpflichten sich, während der Laufzeit dieses Vertrags alles zu unterlassen, was den Interessen des Vertragspartners schaden könnte.

Ort, Datum   Unterschrift Sponsor   Unterschrift Sponsoring-
                                                       Nehmer

_____   _____   _____

SPONSORING-VERTRAG

Zwischen der Firma ... (Sponsor)
und
dem Konzertveranstalter ... (Sponsoring-Nehmer)

Punkt 1:

Der Sponsoring-Nehmer organisiert am ... (Termin) in ... (Veranstaltungsort) zwischen ... und ... Uhr einen Konzertabend mit dem Sinfonieorchester ... Der Schwerpunkt des Programms ist in Anlage 1 zu diesem Vertrag beschrieben.

→

Punkt 2:

Dem Sponsor werden vor und während der Veranstaltung folgende Werbe-/
Sponsoring-Möglichkeiten garantiert:

- Veröffentlichung des Firmen-Logos auf allen Plakaten und in allen An-
  zeigen, die für den in Punkt 1 beschriebenen Konzertabend werben (die
  Mindestgrößen sind in Anlage 2 zu diesem Vertrag festgelegt).
- Das Firmenlogo erscheint ebenfalls gut sichtbar auf den Eintrittskarten
  sowie auf den Programmheften (Umschlagseite).
- Der Sponsoring-Nehmer verpflichtet sich, bei allen Mitteilungen an Presse,
  Rundfunk und Fernsehen ausdrücklich auf den Sponsor hinzuweisen.
- Sowohl bei der An- als auch bei der Absage zu dieser Veranstaltung wird
  der Sponsor mit vollem Namen gut verständlich erwähnt.

Punkt 3:

Der Sponsoring-Nehmer räumt dem Sponsor das Recht ein, in dessen
eigener Werbung und Öffentlichkeitsarbeit auf die Unterstützung der
Konzertveranstaltung hinzuweisen und den Namen der Künstler zu nennen.
Der Sponsoring-Nehmer versichert, Inhaber der hierfür notwendigen
Nutzungsrechte zu sein.

Punkt 4:

Der Sponsor erbringt für die in den Punkten 2 und 3 beschriebenen
Leistungen folgende Gegenleistung:
- Zahlung einer einmaligen Vergütung in Höhe von ... DM. Dieser Betrag
  wird fällig am ...
- Kostenloser Transport der Künstler mit einem Kleinbus vom Flughafen
  Frankfurt/M. zum Veranstaltungsort und zurück. Die genauen Termine
  werden dem Sponsoring-Nehmer noch mitgeteilt.

Punkt 5:

Besondere Vereinbarungen

➔

Was kostet Sponsoring? 79

Punkt 6:

Beide Parteien verpflichten sich, während der Laufzeit dieses Vertrags alles zu unterlassen, was den Interessen des Vertragspartners schaden könnte.

Ort, Datum   Unterschrift Sponsor   Unterschrift Sponsoring-
Nehmer

_____   _____   _____

Zusammenfassung

● Definieren Sie die Reichweite Ihres Sponsoring-Engagements

● Kalkulieren Sie die Kosten realistisch. Denken Sie daran: Einmal ist keinmal.

● Prüfen Sie, inwieweit Ko-Sponsoring für Sie eine Alternative darstellen könnte.

● Auch Sachsponsoring bietet vielfältige Möglichkeiten, eine gemeinnützige Organisation zu unterstützen. Oftmals ist zudem eine Kombination aus Geld- und Sachsponsoring möglich.

● Stellen Sie während der Dauer Ihres Sponsoring eine intensive Medien-beobachtung sicher. Art und Umfang der öffentlichen beziehungsweise ver-öffentlichten Meinung lassen wichtige Rückschlüsse zu, ob Ihr Engagement auch wirklich »ankommt«.

● Sponsoring-Aufwendungen können Sie in der Regel als Betriebsausgaben steuermindernd geltend machen. Für das Finanzamt muß freilich das Prinzip Leistung gegen Gegenleistung klar nachvollziehbar sein.

● Ein Sponsoring-Vertrag erscheint unverzichtbar. Sind größere Summen im Spiel, sollten Sie unbedingt einen versierten Anwalt und Steuerberater einschalten.

Teil 4:

Organisation und Öffentlichkeitsarbeit

Es ist geschafft: Sie haben endlich das für Sie richtige Projekt gefunden, haben mit Ihrem Partner eine vertragliche Regelung getroffen, und nun könnte es eigentlich beginnen. Falls Sie sich bisher jedoch nicht mit der Organisation und der Öffentlichkeitsarbeit Ihres Projekts befaßt haben, geht die Arbeit erst richtig los. Ohne eine ordentliche Organisation und Planung Ihrer Aktionen und ohne begleitende Öffentlichkeitsarbeit verpufft Ihr Sponsoring nämlich ziemlich wirkungslos.

Prinzipiell haben Sie zwei Möglichkeiten:

1. Sie übertragen die gesamte Planung und die Durchführung sowie die Öffentlichkeitsarbeit einer Agentur. Es gibt inzwischen zahlreiche Agenturen, die sich auf Sponsoring spezialisiert haben. In diesem Fall liegt das Ganze in professionellen Händen. Das bedeutet aber auch einen erheblichen finanziellen Aufwand.

2. Sie versuchen, alles in Eigenregie durchzuziehen, und nehmen nur punktuell die Hilfe von Profis in Anspruch. Ob Sie sich dafür entscheiden, hängt zum einen von der Art und dem Umfang des Projekts, zum anderen von der Qualifikation, der Zustimmung und der Verfügbarkeit Ihrer Mitarbeiter ab.

4.1 Die Zusammenarbeit mit der Agentur

Übertragen Sie das ganze Geschäft einer Agentur, haben Sie einen relativ geringen zeitlichen Aufwand. Sie sollten sich einmal mit den Experten der Agentur zusammensetzen und gemeinsam überlegen und entscheiden, wie die Förderung des von Ihnen gewählten Projekts genau aussehen soll:

● Durch welche Leistungen (Geld- oder Sachspenden, Know-how usw.) wird sich Ihr Engagement manifestieren?

● Wann wird mit diesen Leistungen begonnen? Sind sie einmalig, oder erstrecken sie sich über einen längeren Zeitraum?

● Wen wollen Sie in der Öffentlichkeit mit Ihrem Projekt ansprechen (die Allgemeinheit, Ihre Kunden, Neukunden, Ihre Mitarbeiter)?

● Wie soll der Beginn Ihres Sponsoring-Projekts in Szene gesetzt werden? Welche Maßnahmen sind dazu nötig, wie ist der Kostenrahmen?

● Falls Sie ein langfristiges Engagement anstreben: Wie soll die kontinuierliche Begleitarbeit aussehen?

● Was können Sie dafür tun, wo soll die Agentur tätig werden?

Kommen Ihre Vorstellungen und die der Agentur auf einen Nenner, sollten Sie mit dem externen Dienstleister einen Vertrag abschließen, in dem Ziele und Aufgaben der Agenturarbeit genau festgelegt werden, natürlich auch die Kosten für Sie.

Der Expertenrat:

Wenn Sie zur Zusammenarbeit mit externen Spezialisten neigen, sollten Sie die Agentur Ihrer Wahl möglichst schon bei der Auswahl des Projekts mit einbeziehen. Die Agentur sollte in der Lage sein, zu beurteilen, ob das Projekt im Rahmen Ihrer finanziellen Möglichkeiten liegt. Außerdem fällt es der Agentur leichter, die Gesamtkosten über das eigentliche Sponsoring hinaus abzuschätzen.

Und noch ein Rat:

Sie können sich auch das Grundkonzept und die finanzielle Kalkulation extern erstellen lassen und erst dann entscheiden, ob Sie alles oder nur Teilbereiche an die Agentur abgeben. Für diese Leistung müssen Sie jedoch ein Honorar zahlen. Sie erspart Ihnen aber eventuell eine Menge eigener Arbeit.

4.1.1 So finden Sie eine kompetente Agentur

Die richtige Agentur zu finden ist nicht so einfach.

Oberstes Gebot: Nehmen Sie keine »normale« Werbeagentur, sondern eine Agentur, die bereits Erfahrung mit Sponsoring hat.

Die nachstehenden Prüfsteine helfen Ihnen bei der Suche nach der richtigen Agentur:

● Qualifikation überprüfen

Informieren Sie sich im ersten Gespräch über die Qualifikation der Agenturführung und ihres Personals. Es nützt nichts, wenn der Agenturchef ein Werbefachmann ist, aber keine Leute für die konkrete Ausführung verfügbar sind, also ein Grafiker, ein Texter usw.

● Erfahrungsnachweise verlangen

Die Agentur sollte bereits im Sponsoring-Bereich arbeiten. Fragen Sie nach den bisher durchgeführten Projekten und Kunden. Zu den meisten Projekten gibt es Prospekte und Broschüren usw., die Sie sich anschauen können. Dabei sehen Sie gleich, ob Sie mit der Agentur »auf einer Wellenlänge« liegen. Scheuen Sie sich nicht, einen der als Referenz angegebenen Kunden persönlich anzurufen und nach seinen Erfahrungen mit der Agentur zu fragen.

● Pressearbeit ansprechen

Für ein erfolgreiches Sponsoring erscheint eine professionelle Pressearbeit unerläßlich. Nicht von ungefähr sollten Sie – wie an anderer Stelle bereits erwähnt – nicht nur Gutes tun, sondern auch darüber reden. Mehr als alle Prospekte und Broschüren erreicht ein Artikel in der Tageszeitung oder in einer Zeitschrift die Menschen. Die Presse ist unabhängig und gilt deshalb bei den meisten Lesern als glaubwürdiger. Das heißt, die Agentur sollte einen guten Draht zur Presse haben. Das können Sie zum einen überprüfen, indem Sie direkt nach Kontakten fragen, zum anderen, indem Sie sich Presseveröffentlichungen zu anderen Projekten, die die Agentur betreute, zeigen lassen.

● Events ansprechen

Wie bereits gesagt, sind Veranstaltungen eine hervorragende Möglichkeit, Ihre Sponsoring-Aktivitäten für Werbung und Verkauf zu nutzen. Wenn Sie also in diese Richtung gehen möchten, sollte die Agentur Erfahrung mit der Ausrichtung von Events haben. Denn die Planung eines Events ist noch einmal eine andere Sache als die Erstellung einer Broschüre oder einer Pressemitteilung.

● Preisvergleich

Als Kunde einer im Sponsoring erfahrenen Agentur dürfen Sie erwarten, daß man Ihnen eine finanzielle Kalkulation erstellt. Sie sollte nicht nur in einem pauschalen Angebot bestehen, sondern Einzelposten enthalten sowie eine Sicherheitspauschale, falls doch etwas mehr kostet als erwartet. Das Angebot sollten Sie nicht blind akzeptieren, sondern ruhig noch zwei oder drei Alternativen einholen

Der Expertenrat:

Fünf große Firmen auf der Referenzliste garantieren nicht dafür, daß die Agentur im Umgang mit kleinen oder mittelständischen Unternehmen wirklich gut ist. Fragen Sie deshalb gezielt, über welche Erfahrungen die externen Sponsoring-Berater auf diesem Sektor verfügen.

4.2 Planung und Durchführung Ihrer Aktivitäten

Wie für jedes Geschäft sollten Sie für Ihr Sponsoring-Projekt einen Zeit- und Kostenplan erstellen. Er könnte so aussehen:

Anlage eines Wassertretbeckens im neuen Kurpark		

Projektbeschreibung:

Das ortsansässige Reformhaus, zwei Apotheken und ein Bauunternehmen wollen in der geplanten Erweiterung des Kurparks ein Wassertretbecken anlegen und für die ersten fünf Jahre für den Unterhalt sorgen. Die Gestaltung soll einem Künstler übertragen werden.

Aktivitäten/begleitende Maßnahmen	Zeit	Kosten
Ausschreibung eines Wettbewerbs in Zusammenarbeit mit Gemeinde und Kurverwaltung • Pressearbeit • Ausschreibungsunterlagen erstellen	Oktober 1998	
Vorstellung des Gewinners des Wett-bewerbs in der Öffentlichkeit • Sichtung der eingegangenen Be-werbungen • Abstimmung mit Kurverwaltung und Gemeinde • Pressearbeit, Interview mit einem Vertreter der Gemeinde und mit dem Künstler organisieren • Informationsschriften zur Auslage in den Läden	Januar 1999	
Veranstaltung zum Baubeginn • im Vorfeld: Pressearbeit – Baubeginn ankündigen • Rahmen für die Veranstaltung festlegen und vorbereiten	März 1999	

• Besichtigung des Bauplatzes mit erstem Spatenstich einplanen • Plakate und Veranstaltung ankündigen • VIPs einladen	März 1999	
Gesundheitsmarkt zur Inbetriebnahme des Wassertretbeckens • im Vorfeld Pressearbeit, zum Beispiel Bericht in der Kurzeitung über Baufortschritte • Ankündigung des Gesundheitsmarktes in Anzeigen in der Kurzeitung oder der Tagespresse, auf Handzetteln und Plakaten • Vorbereitung des Gesundheitsmarktes, Einladung von Unternehmen und anderen Teilnehmern • Vorbereitung der eigenen Aktivität auf dem Gesundheitsmarkt	Mai 1999	

Achtung: Die Kosten wurden von uns nicht eingetragen. Sie richten sich entscheidend nach dem Umfang der beiden Veranstaltungen und dem Honorar des Künstlers. Insgesamt müssen Sie jedoch bei einem solchen Projekt mit ungefähr 20.000 bis 30.000 Mark pro Sponsor rechnen, wobei der Bauunternehmer seinen Anteil weitgehend in Eigenleistung erbringen kann.

Sparmöglichkeiten ergeben sich bei diesem Projekt bei den Veranstaltungen. So können Sie beispielsweise zum ersten Spatenstich und einem anschließenden Umtrunk nur die VIPs einladen.

Der Gesundheitsmarkt läßt sich relativ billig gestalten, wenn Sie dafür andere ortsansässige Unternehmen gewinnen, zum Beispiel Krankenkassen oder Kurkliniken und Restaurants.

Vorteile dieses Konzepts:

● Die Aktivitäten ziehen sich über einen längeren Zeitraum.

● Die Ortsansässigen und Gäste des Ortes sind diejenigen, die in den Genuß des Wassertretbeckens kommen, und gleichzeitig die Kunden der beteiligten Unternehmen.

● Der Zusammenhang Gesundheit besteht nicht nur mit den beteiligten Unternehmen, sondern auch mit dem Ort, in dem Kuren und Gesundheit für viele Einwohner die Haupteinnahmequelle sind.

● Ohne das Sponsoring des Wassertretbeckens wäre der erweiterte Parkteil wesentlich weniger attraktiv gewesen.

Der Expertenrat:

Sie sehen an diesem Plan, daß an einem gelungenen Sponsoring unendlich viele begleitende Aktivitäten hängen, die Sie ebenso detailliert planen müssen. Überlegen Sie deshalb genau, ob Sie wirklich ein Projekt in Angriff nehmen wollen, das so umfangreich ist.

4.3 Partner »drinnen« und »draußen«

Ihre Planung steht und fällt mit der Unterstützung, die Sie dabei intern und extern erwarten können, also von Ihren Mitarbeitern und von Ihren Partnern außerhalb des Unternehmens. Das können Kunden sein, aber auch Verwaltungen, der Sponsoringpartner, befreundete Unternehmen oder Vereine.

Sponsoring-Aktivitäten eines Unternehmens müssen zumindest im kleinen und mittelständischen Betrieb immer von den Mitarbeitern mit getragen werden.

Was glauben Sie, sind hierfür die wichtigsten Gründe?

_____

_____

_____

_____

_____

Unsere Antwort:

● Von den Mitarbeitern wird höchstwahrscheinlich Einsatz über die normale Arbeit hinaus erwartet, zumindest dann, wenn Sie auf die Inanspruchnahme einer Agentur verzichten oder flankierende Maßnahmen planen, bei denen die Anwesenheit der Mitarbeiter nötig ist.

● Die Mitarbeiter sollten sich mit dem Sponsoring bzw. seinen Zielen identifizieren können. Tun sie das nicht oder ist Ihr Ziel für Ihre Mitarbeiter unglaubwürdig, haben diese eher das Gefühl, sie müßten für das Sponsorship ihres Arbeitgebers Opfer bringen. Wenn Sie zum Beispiel 20.000 DM für Kultur-Sponsoring ausgeben und gleichzeitig das Weihnachtsgeld kürzen, werden Ihre Mitarbeiter von der Idee nicht begeistert sein.

● Jeder einzelne Ihrer Mitarbeiter ist ein Werbeträger für Ihre Firma. Wenn er zufrieden ist bzw. hinter Ihrer Idee steht, wird er dies auch in der Öffentlichkeit, im Freundeskreis, kundtun. Seine Unzufriedenheit aber auch.

● Ihre Mitarbeiter sind, sofern sie hinter Ihren Ideen stehen, ein unerschöpfliches Reservoir an Ideen. Nutzen Sie dieses Potential.

Der Expertenrat:

Sponsoring, mit dem sich die Mitarbeiter identifizieren können, ist ein Mittel der Motivation und stärkt das Zusammengehörigkeitsgefühl. Außerdem lernen Sie dabei eine Menge über Ihre Angestellten.

4.3.1 Mitarbeitermotivation

Die Frage ist natürlich, wie Sie Ihre Mitarbeiter für Ihre Sponsoring-Idee begeistern können. Was sind Ihre Vorschläge?

_____

_____

_____

_____

Unser Rat:

● Beziehen Sie Ihre Mitarbeiter von Anfang an ein. Erklären Sie, weshalb Sie sich als Sponsor betätigen möchten, welchen Nutzen für das Unternehmen Sie sich versprechen und welche Variante Sie aus welchen Gründen bevorzugen.

● Fordern Sie Ihre Mitarbeiter dazu auf, selbst Vorschläge zu machen. Viele Menschen engagieren sich im einen oder anderen Bereich des öffentlichen Lebens. Möglicherweise kommt eine Idee zutage, die auch Ihren Mitarbeitern direkt zugute kommt.

● Besonders bei einem Engagement im Öko- oder Sozialbereich sollten Sie auch gegenüber Ihren Mitarbeitern glaubwürdig sein.

● Informieren Sie Ihre Mitarbeiter über die Entscheidung, die Sie letztlich treffen, und begründen Sie diese. Bedanken Sie sich für die Hilfe. Unter Umständen empfiehlt es sich, einen Ideenwettbewerb zu veranstalten oder ein Entscheidungsgremium zu bilden.

● Informieren Sie über die weitere Entwicklung der Sache. Dazu eignet sich gut die Betriebszeitung.

● Falls Sie die Sponsoring-Maßnahmen selbst durchführen, sollten Sie vorab mit Ihren Mitarbeitern besprechen, was an Arbeit auf sie zukommt, ob sie es mit ihrer anderen Arbeit vereinbaren können und wer was machen kann. Vorteilhaft ist es, wenn Sie sowieso schon eine Marketingabteilung haben.

● Auf keinen Fall sollte der Aufwand für das Sponsoring dazu führen, daß in bezug auf die Mitarbeiter negative Maßnahmen ergriffen werden (Urlaubssperre, Prämienstreichung usw.).

4.3.2 Qualifikation einbeziehen

Stellen Sie sich und Ihren Mitarbeitern die Frage: Was können wir? Denken Sie bei der Beantwortung dieser Frage unbedingt daran, daß Begeisterung Professionalität nicht ersetzen kann. Das gilt besonders, wenn es sich um Pressearbeit, die Erstellung von Broschüren oder Katalogen handelt. Viele Dinge jedoch können durchaus zum Beispiel vom Einkauf oder vom Marketing oder von der Buchhaltung erledigt werden. Oft handelt es sich nur darum, Angebote einzuholen, Preisvergleiche anzustellen, Kostenkalkulationen aufzustellen usw.

Aufgabe	ja	nein	Wer
Pressemeldungen schreiben	○	○	Evt. Marketing
Kontakt zu Zeitungen aufnehmen	○	○	Marketing
Räume für Veranstaltungen organisieren	○	○	Einkauf
Veranstaltungen vorbereiten	○	○	Marketing
Für das Catering bei der Veranstaltung sorgen	○	○	Einkauf oder Kantine
Sich zum Beispiel um Transport und Aufstellung von Ausstellungsgegenständen, um Mitwirkende usw. kümmern, evt. Redner für Vorträge, Grußworte usw. beschaffen	○	○	Einkauf und Marketing
			→

Aufgabe	ja	nein	Wer
Sich um Musik, Spielgeräte, Ausstattung des Veranstaltungsorts kümmern	◯	◯	Einkauf
Einladungen für VIPs schreiben und versenden	◯	◯	Marketing
Sich um die Werbung für die eigenen Produkte und das Unternehmen im Zusammenhang mit dem Sponsoring kümmern	◯	◯	Marketing
Mit dem Sponsoring-Nehmer gemeinsame Aktionen absprechen	◯	◯	Marketing und Geschäftsleitung
Klären, was der Sponsoring-Nehmer konkret für den Sponsor tun kann	◯	◯	Geschäftsleitung

Aus Ihrem konkreten Projekt werden sich eine Fülle weiterer Aufgaben ergeben, und Sie werden sehen, daß ein Teil davon doch von Profis gemacht werden muß, allerdings in vielen Bereichen unter Mitarbeit Ihrer eigenen Angestellten.

Der Expertenrat:

Nicht jeder Profi verlangt Agenturhonorare. Pressemitteilungen und Werbe-broschüren müssen nicht von einer Agentur getextet oder gestaltet werden. Sie können damit auch freiberufliche Journalisten und Grafiker beauftragen. Da-durch sparen Sie nicht nur bares Geld, vielmehr dürfte in den meisten Fällen zumindest bei Pressetexten die Qualität professioneller sein. Viele hochbezahlte PR-Texter nämlich, das zeigt die Erfahrung, verfügen kaum über Redaktions-Know-how. Sie wissen nicht, was bei Journalisten wirklich »ankommt«.

Und noch einige Vorschläge zur Kostensenkung:

● Wenn es zum Beispiel bei einer Veranstaltung um das leibliche Wohl der Gäste geht, können Sie sich an ein Restaurant vor Ort wenden oder auch an eine Werkskantine. Möglicherweise finden Sie auf diese Art und Weise auch einen Ko-Sponsor, der Ihnen Rabatt gibt, weil in der Einladung zur Veran-staltung steht »Für Speisen und Getränke sorgen die Köche der Firma Köstlich et Comp.«.

● Dasselbe Vorgehen bietet sich zum Beispiel beim Blumenschmuck oder bei einer Kunstausstellung für das Aufhängen der Bilder an. Sprechen Sie einen Galeristen an.

● Vereine, Sport- und Tanzgruppen sind oft gerne bereit, gegen ein im Vergleich zu Profis geringes Honorar Showeinlagen zu bestreiten. Sie sollten dabei jedoch auf Qualität achten. Manche Tanzschule verfügt über eine Showtanz-Truppe.

● Brauchen Sie jemanden, der ein Kinderprogramm macht? Fragen Sie im örtlichen Kindergarten nach oder bei Kirchen und Vereinen. Denn dort gibt es meist Kindergruppen, die von ehrenamtlichen Mitarbeitern geleitet werden. Die Honorarforderungen halten sich bestimmt in Grenzen.

● Sie brauchen Leute, die etwas zum Thema Gesundheit sagen, eine Kochvorführung oder Ernährungsberatung machen? Anlaufstellen sind Krankenkassen, freie Ernährungsberaterinnen, Universitäten, Versuchsküchen.

4.3.3 Die Presse – Ihr Freund und Helfer?

Die Presse kann für Sie als Sponsor tatsächlich eine große Hilfe sein, aber auch fast ein Feind. Nämlich dann, wenn sie nichts über Ihre Aktivitäten berichtet oder etwas Negatives.
Auf jeden Fall gilt:
Die Presse tut nichts für Sie, ohne daß Sie oder der von Ihnen Gesponserte etwas dafür tun. Und damit sind Sie in der Klemme, denn es ist gar nicht so einfach, die Presse dazu zu bringen, etwas für Sie oder Ihr Projekt zu tun.

Einige Wahrheiten zur Arbeit in einer Redaktion:

● Die Redakteure werden Tag für Tag von Pressemitteilungen überflutet. Die meisten davon sind von Firmen, die ihr Produkt angepriesen sehen möchten,
a) ohne daß der Leser merkt, daß es sich um Werbung handelt und
b) ohne dafür zu bezahlen. Ergo: Das Zeug wandert üblicherweise in den Papierkorb.

● Jeder Redakteur haßt es, wenn er Schleichwerbung als Artikel tarnen soll, nur weil die betreffende Firma zusätzlich eine Anzeige schaltet.

● Die meisten Redakteure, besonders bei Tageszeitungen, haben eine natürliche Aversion gegen lange Texte.

● Nahezu alle Redakteure wünschen sich zu einem Text auch ein Foto, besonders Zeitschriftenredakteure.

● Wenn sie sich schon eine Pressemitteilung anschauen, dann möchten die Redakteure etwaige Fragen schnell und unbürokratisch durch einen Anruf erledigen. Wer nicht zu erreichen ist, hat Pech.

● Redakteure haben Angst davor, sich »vor den Karren« eines Unternehmens oder eines Politikers spannen zu lassen. Sie sind meist darauf bedacht, ihre Unabhängigkeit zu wahren – müssen sie auch.

Was folgt daraus für eine effektive Pressearbeit?

1. Finden Sie durch einen Anruf heraus, welcher Redakteur für Ihr Thema verantwortlich ist – Lokales, Sport, Feuilleton, Umweltseite usw.
2. Sprechen Sie mit dem zuständigen Redakteur, bevor Sie eine Pressemitteilung schicken. Sie können zu seinen Handen schicken, er kennt Sie bereits, und vielleicht erfahren Sie auch schon bei diesem Gespräch, ob er an anderen Informationen, an Interviews usw. interessiert ist.
3. Laden Sie den Redakteur zu Veranstaltungen oder zu Interviews mit Ihnen und dem Sponsoring-Nehmer ein, damit er sich selbst ein Bild machen kann.
4. Kooperieren Sie bei der Pressearbeit mit dem Sponsoring-Nehmer. (Das sollte übrigens vertraglich festgehalten werden.) In der Regel hat vor allem im Öko- und Sozialbereich der Sponsoring-Nehmer bei der Presse die besseren Karten.

4.3.4 Die optimale Pressemitteilung

Stellen Sie sich vor, Sie sind Immobilienmakler und wollen zusammen mit einem Bauunternehmer ein Fachwerkhaus in der Altstadt renovieren, das zum Heimatmuseum umgestaltet werden soll. Die Pläne dafür wurden in Zusammenarbeit mit dem städtischen Kulturausschuß und dem Denkmalamt entwickelt. Jetzt soll mit der Restauration begonnen werden. Sie möchten das zum Anlaß nehmen, an die örtliche Tageszeitung eine Pressemitteilung zu schicken. Welche Informationen müssen hinein? Sie haben insgesamt maximal eine DIN-A4-Seite zur Verfügung.

Wir schlagen als wichtigste Inhaltselemente vor:

● Informationen über das Haus, seinen Standort und die künftige Verwendung. Sehr schön wäre eine kleine Anekdote oder Geschichte über das Haus oder seine Beziehung zur Stadt oder ein Zitat eines Denkmalschützers über die Wichtigkeit des Gebäudes.

● Warum wird es nicht von der Stadt saniert, sondern von Privatpersonen?

● Warum haben gerade Sie und der Bauunternehmer diese Aufgabe übernommen?

● Namen und Telefonnummern von (erreichbaren!) Ansprechpartnern in Ihrer Firma, beim Bauunternehmen und beim Denkmalamt.

● Ein Fax-Antwort-Formular, auf dem die Redakteure Wünsche ankreuzen können: Interviews (auch mit den anderen Beteiligten), Fotos, weitere schriftliche Infos usw.

Und nicht vergessen:

● Eine Seite wird eher gelesen als zwei – also kurz fassen.

● Ein ansprechendes Layout ist wichtig.

● Die wichtigsten Botschaften sollten optisch hervorgehoben werden.

Überflüssig sind:

● ausführliche Informationen über Ihre Firma oder die des Bauunternehmens (zum Beispiel Umsatz- und Mitarbeiterzahlen, Produktbeschreibungen), es sei denn, er ist Spezialist für Altbausanierungen,

● detaillierte Informationen über die (vergangene) Planungsphase oder gar über Überlegungen, die verworfen wurden,

● eine Lobeshymne des Denkmalamtschefs auf Sie und den Bauunternehmer.

Und so könnte die Pressemitteilung aussehen:

PRESSEMITTEILUNG

Headline: Musterstädter Sponsoren geben der Vergangenheit eine
Zukunft

Unterzeile: Denkmalgeschütztes Fachwerkhaus wird zum Heimatmuseum

MUSTERSTADT, 23. Oktober 1998. – Einst beherbergte das denkmalgeschützte
Fachwerkhaus in der Herbergsgasse 4 die älteste Gaststätte von Musterstadt.
Schon bald werden in diesem kunsthistorischen Juwel, das in den
vergangenen zehn Jahren dem Verfall preisgegeben war, interessante
Zeugnisse der Geschichte der Stadt ausgestellt. Bereits vor wenigen Monaten
hatte der Stadtrat einer Anregung von Bürgermeister Zehnthüter und dem
Chef des Denkmalamtes, Detlev Sammelwut, zugestimmt, das Haus in ein
Heimatmuseum umzugestalten.

Nun ist auch die Finanzierung unter Dach und Fach: Die Musterstädter Firma
Schnellbau sowie das Maklerbüro Schnelle & Mark haben im Rahmen eines
Sponsoring-Vertrages Geld- und Sachmittel zur Verfügung gestellt, mit
denen etwa 60 Prozent der Baukosten bestritten werden können. Den Rest
steuern die Stadt sowie ein privater Förderverein bei. Hubert Baumeister,
Inhaber der Firma Schnellbau, betont die Erfahrung seines Unternehmens
mit der Sanierung von Altbauten. »Wir wollen unser gesamtes Know-how
einsetzen, damit unsere Heimatstadt noch schöner wird.« Eva-Gesine Mark
von der Firma Schnelle & Mark verspricht: »Für die Sanierung des 400 Jahre
alten Fachwerks wird ein Experte aus dem Schwarzwald eingesetzt.«

Vermutlich wird der erste Teil der Sanierung Mitte nächsten Jahres
abgeschlossen sein. Und dann – so die Sponsoren – soll es ein großes Richt-
fest geben.

Achtung Redaktionen:

Bei Rückfragen oder Fotowünschen wenden Sie sich bitte an
Roswitha Griffelspitzer von der »Schnellbau«-Pressestelle.
Telefon … Telefax …

Der Expertenrat:

Pflegen Sie die Beziehungen zur lokalen Presse. Journalisten kommen viel herum. Sie können zum Beispiel auch Tips bei der Auswahl eines Sponsoring-Projekts geben. Mit manchen Zeitungen lassen sich auch ganze Projekte durchziehen, wenn sie darin auch für ihre Zeitung einen Vorteil sehen.

Beispiel:

Die »Stuttgarter Zeitung« startet jedes Jahr zur Weihnachtszeit die Aktion »Hilfe für den Nachbarn«. Dafür werden jeden Tag zwei bis drei Fälle von Menschen in Not geschildert, welche die Zeitung von den örtlichen karitativen Organisationen und dem Sozialamt erfährt. Jahr für Jahr spenden die Leser weit über eine Million Mark. Das hebt das Ansehen der Zeitung und stärkt die Blattbindung der Leser. Die Namen aller Spender werden veröffentlicht.

Eine solche Aktion könnte man sicher auch in anderen Städten (auch für andere Zwecke) aus der Taufe heben. Im Falle unseres Heimatmuseums würde es sich zum Beispiel anbieten, daß die Zeitung dazu aufruft, für die Ausstattung des Museums zu spenden oder alte Fotos aus der Zeit von ... bis zur Verfügung zu stellen.

4.3.5 Kundenbeteiligung und VIPs

Sie möchten mit Sponsoring einen höheren Bekanntheitsgrad, eine Imagepolitur oder einen höheren Bekanntheitsgrad erreichen. Sponsoring ist – wie gesagt – ein Standbein der Unternehmenskommunikation, also Werbung im weitesten Sinne. Das bedeutet, die Werbung sollte auf jeden Fall bei Ihren Kunden ankommen und wahrgenommen werden.

Folgende Möglichkeiten schlagen Experten unter anderem vor, um Ihr Sponsorship angemessen zu kommunizieren:

● Information über die Kundenzeitschrift

● Information im Geschäftsbericht Ihres Unternehmens

● Informationen auf einem Messestand

● Kleine Broschüren, die Sie Bestellungen beilegen oder im Geschäft auslegen. Empfehlung: Gemeinsam mit dem Sponsoring-Nehmer erstellen.

● Einladungen an Kunden zu Benefizveranstaltungen oder Ausstellungseröffnungen

● In einem Ladengeschäft: Schirme oder Taschen für Ihre Kunden mit einem speziellen Aufdruck, der auf Ihr Sponsoring-Projekt aufmerksam macht. Dafür können Sie sogar einen kleinen Obolus verlangen, der dem Projekt zugute kommt.

Je nachdem, wie groß Ihr Kundenkreis ist, können Sie natürlich nicht alle Kunden als VIPs behandeln. Wenn Sie jedoch einen kleinen, überschaubaren Kundenkreis haben, lohnt sich eine besondere Kundenveranstaltung.

Beispiele:

Betreiben Sie Kunst-Sponsoring, könnten Sie Ihre Kunden (oder Ihre wichtigsten Kunden) zur Vernissage einladen, bei der die Künstler natürlich anwesend sind, bei der es außerdem ein kleines Büfett gibt und auf der Sie nicht zuletzt Ihr Engagement erklären und darstellen können.

Bei dem erwähnten Sanierungsprojekt könnten die beteiligten Unternehmer das Bauwerk Ihren Kunden in einer Extra-Veranstaltung vorstellen, eine Baustellenbegehung organisieren oder bei der Einweihungsfeier einen VIP-Raum eröffnen, in dem es ein Unterhaltungsprogramm mit Bildern und Anekdoten aus dem Leben der Stadt gibt.

Der Expertenrat:

Vergessen Sie bei solchen Veranstaltungen die örtlichen Honoratioren nicht. Sie sollten auf jeden Fall dabei sein, wenn das Projekt in irgendeiner Weise mit dem Leben in der Stadt oder der Region zu tun hat oder wenn Sie mit städtischen oder regionalen Behörden zusammenarbeiten. Außerdem sollten Sie solche Aktionen schon im Vorfeld, am besten im Sponsoring-Vertrag, mit dem Sponsoring-Nehmer absprechen.

Wer für Sie und Ihren Sponsoring-Nehmer VIPs sind, ist eine subjektive Definition.

Es können VIPs sein:

1. für Ihren Sponsoring-Nehmer
   – andere Sponsoren
   – Stellen oder Personen, mit denen er ständig zusammenarbeiten muß
   – Mitarbeiter an seinen Projekten

2. für Sie selbst
   - Kunden und Lieferanten
   - Mitarbeiter
   - Behördenvertreter
   - Vertreter berufsständischer Organisationen, zum Beispiel Verbands-vorsitzende, IHK-Vorstände usw.
   - Vertreter des Sponsoring-Nehmers

Der Expertenrat:

Falls Sie einem Berufsverband oder einer anderen Arbeitgeber-Organisation an-gehören, können Sie auch diese Plattform für die Darstellung Ihres Engagements nutzen – zumindest sollten Sie es versuchen. Sie könnten beispielsweise bei der Industrie- und Handelskammer oder bei den Jungen Unternehmern einen Vor-trag über ein gelungenes Sponsoring-Projekt halten und Ihren Kollegen Tips für eigene Aktivitäten geben.

Für die Behandlung von VIPs gilt im übrigen dasselbe wie für die Behandlung von Event-Teilnehmern. Was erscheint Ihnen wichtig?

_____

_____

_____

_____

Und hier unsere Antworten:

1. Aktivitäten auf die VIPs abstimmen

2. Das Wohlbefinden der Gäste und das Projekt stehen im Vordergrund

3. Eigenwerbung muß dezent und passend sein

4. Alles, was Sie als Sponsor unternehmen, muß glaubwürdig sein

5. Wenn Ihr Sponsoring-Nehmer mit von der Partie ist, erhöht das Ihre Glaubwürdigkeit

4.4 Der Umgang mit dem Sponsoring-Nehmer

Ihr Verhältnis zum Sponsoring-Nehmer ist sehr wichtig für den Erfolg des gesamten Engagements. Wenn er von Ihnen überzeugt ist, wird auch die Öffentlichkeit überzeugt sein. Deshalb empfehlen Sponsoring-Agenturen:

● Treffen Sie klare Vereinbarungen über Ihre eigenen Leistungen und die des Sponsoring-Nehmers, am besten per Vertrag.

● Dazu gehören auch Absprachen über die Teilnahme des Sponsoring-Nehmers an Veröffentlichungen und Veranstaltungen. Sprechen Sie sich im Zweifelsfall ab, bevor Sie einen Alleingang unternehmen.

● Pfuschen Sie Ihrem Partner nicht ins Handwerk, und machen Sie ihn nicht von sich abhängig.

● Der Sponsoring-Nehmer ist kein Almosenempfänger, sondern ein gleichwertiger Partner.

● Laden Sie Ihren Partner prinzipiell zu allen Veranstaltungen im Zusammenhang mit Ihrer Sponsorentätigkeit ein, und gewähren Sie ihm im voraus Einsicht in Veröffentlichungen, die Sie intern planen, zum Beispiel in Geschäftsberichte oder Kundenzeitschriften.

● Sponsern Sie im Öko- oder Sozialbereich, so sollten Sie Ihren Partner ausführlich über Ihr Unternehmen und Ihre Unternehmensziele informieren. Das gilt besonders dann, wenn sich wesentliche Dinge ändern, zum Beispiel die Produkte, der Standort oder die Mitarbeiterzahl (Entlassungen!).

● Äußern Sie sich nicht negativ über Ihren Partner oder seine Arbeit. Wenn Sie Kritik haben, bringen Sie sie direkt und offen an.

Der Expertenrat:

Regelmäßige Treffen zwischen Sponsor und Sponsoring-Nehmer sorgen für ein dauerhaft gutes Klima. Bedenken Sie: Sponsoring besteht nicht nur darin, Geld oder Sachleistungen abzuliefern, sondern auch in persönlichem Engagement.

4.5 Empfehlenswert: Ein Erkennungszeichen

Aus der Werbung wissen Sie, wie wichtig es ist, ein Produkt oder eine Firma unverwechselbar zu machen. Es wird sogar immer wichtiger, denn die Produkte gleichen sich immer mehr. Ein Logo oder ein anderes visuelles Erkennungszeichen leisten hier gute Dienste.

Kennen Sie Beispiele für solche Erkennungszeichen?

_____

_____

_____

_____

- der Kranich der Lufthansa

- der Biber der Obi-Baumärkte

- das HB-Männchen

- Lurchi für Salamander-Schuhe

- das grüne Darmol-Männchen

Außerdem kann natürlich eine Person für Ihr Engagement stehen. Doch dazu müssen Sie auch Personen-Sponsoring betreiben, indem Sie zum Beispiel einen bekannten Sportler, eine Mannschaft oder einen Künstler sponsern. Im lokalen und regionalen Bereich ist das ein etwas schwieriges Unterfangen, es sei denn, Sie sind in der glücklichen Lage, jemanden zu sponsern, der sozusagen als »local hero« gilt. Beispiele für die Identifikation einer Person mit einer bestimmten Marke gibt es genug aus dem Bereich Fußball, Formel 1 und natürlich aus der Werbung:

- Thomas Gottschalk für Gummibärchen

- Clementine für Ariel

- Claudia Schiffer für Citroën

- Michael Schumacher trägt das Marlboro-Logo

- Fußballer tragen ebenfalls das Logo ihres Sponsors

Gelingt es Ihnen, für Ihr Projekt ein eingängiges Erkennungszeichen zu finden, haben Sie »leichtes Spiel«. Man wird sofort am Logo erkennen, um welches Thema es geht. Außerdem können Sie dieses Logo auf Briefpapier, Prospekten, bei Veranstaltungen usw. verwenden. Ihr Sponsoring-Nehmer sollte das Logo ebenfalls benützen, wenn er etwas für die gemeinsame Sache tut.
  Sie haben drei Möglichkeiten – die dritte ist die schwierigste:

1. Ihr Sponsoring-Engagement paßt zu Ihrem eigenen Firmenlogo, so wie zum Beispiel der Kranich zur Lufthansa, die Kranichschutz-Projekte finanziert.

2. Ihr Sponsoring-Nehmer hat ein passendes Logo, das Sie verwenden dürfen.

3. Sie schaffen sich ein eigenes Logo.

Der Expertenrat:

Ein Logo muß sehr eingängig, auf einen Blick erfaßbar und richtig einzuordnen sein. Sobald der Betrachter überlegen muß, ist der Effekt zunichte. Sollten Sie und Ihr Sponsoring-Nehmer sich mit dem Gedanken tragen, ein eigenes Logo zu entwickeln, beauftragen Sie damit am besten einen guten Grafiker. Das Logo sollte einen deutlichen Hinweis auf das Projekt und auf Ihre Firma enthalten.

Zusammenfassung

● Wirkungsvolles Sponsoring erfordert eine Vielzahl von Aktivitäten, mit der das Unternehmen selbst oft überfordert ist. Das gilt besonders für die Öffentlichkeitsarbeit.

● Bevor Sie sich für eine Agentur entscheiden, sollten Sie sich zumindest anhand früherer Aufträge die Erfahrung im Sponsoring-Bereich nachweisen lassen.

● Entscheiden Sie sich für die Zusammenarbeit mit einer Agentur, sollten Sie diese von Anfang an einbeziehen, möglichst schon bei der Auswahl Ihres Sponsoring-Nehmers bzw. des Projekts.

● Sie können einer Agentur auch nur einzelne Aufgaben übertragen oder spezielle Aufgaben an Grafiker, Texter, Partyservice usw. delegieren.

● Beziehen Sie Ihre Mitarbeiter in Ihre Aktivitäten von Anfang ein. Nur wenn Ihre Mitarbeiter hinter Ihnen stehen, können Sie einen Teil der notwendigen Arbeit in der Firma erledigen.

● Ihre Mitarbeiter haben höchstwahrscheinlich aus ihrem täglichen Leben heraus auch Ideen für ein Sponsoring-Engagement. Fragen Sie nach, veranstalten Sie eventuell einen Ideen-Wettbewerb.

● Die Presse ist beim Sponsoring ein wichtiger Partner. Versuchen Sie gute und beständige Beziehungen aufzubauen.

● Machen Sie Ihr Engagement auch bei Ihren Kunden bekannt, und laden Sie sie zu Events im Zusammenhang mit Ihren Aktivitäten als Sponsor ein.

● Jegliche Presse- und Öffentlichkeitsarbeit sollte mit dem Sponsoring-Nehmer abgesprochen sein.

● Gelingt es Ihnen, ein eingängiges Logo für Ihre Aktion zu finden, sollten Sie es auf Briefbogen, Broschüren usw. führen.

Teil 5:

Beispiele aus der Sponsoring-Praxis

Sie haben in den vorangegangenen Kapiteln einen Eindruck davon bekommen, wie Sponsoring aussehen kann. In diesem Kapitel möchten wir Ihnen Beispiele aus der Praxis vorstellen, die Ihnen Anregung für eigene Aktivitäten sein sollen. Doch denken Sie daran – Sponsoring-Möglichkeiten liegen sozusagen auf der Straße, man muß sie nur entdecken. Dazu gehört, daß Sie sich im öffentlichen Leben Ihrer Gemeinde, Stadt oder Region auskennen und daran teilnehmen.

5.1 Golfen für einen sozialen Zweck

Marcel Fraas ist Inhaber der Fraas Schroeder & Cie. in Karlsruhe, einer Firma, die sich mit der Vermögensverwaltung mit Investmentzertifikaten befaßt. Und Marcel Fraas ist Golfspieler. In den letzten Jahren verfolgte der sportliche Unternehmer mit Besorgnis, daß immer mehr soziale Projekte in Karlsruhe in Frage gestellt wurden, weil Fördermittel fehlten. Auf der anderen Seite ging es ihm und seinen Mitgolfern recht gut. Er wagte den Versuch und organisierte 1997 zum ersten Mal ein Benefiz-Golfturnier. Jede/r der Teilnehmer und Teilnehmerinnen spendete 30 Mark für den guten Zweck. Auf diese Weise kamen 1.500 Mark zusammen. Das Unternehmen Fraas Schroeder & Cie. rundete auf 2.000 Mark auf. Marcel Fraas überreichte den Betrag im Beisein von Bürgermeister Norbert Vöhringer an eine Vertreterin des Vereins zum Schutz mißhandelter Frauen und Kinder. Die Spende wurde für den Unterhalt einer Beratungsstelle verwendet.

Effekt für das Unternehmen:

In lokalen Zeitungen und im Amtsblatt der Stadt Karlsruhe erschienen Artikel über diese Aktion. In jedem Beitrag wurde das Unternehmen mindestens einmal genannt und zusätzlich noch einmal der Inhaber.

Das Golf-Turnier lief unter dem Titel »Fraas Schroeder & Cie. Investment-Cup«. Damit war die Assoziation zum Unternehmen und seinen Produkten hergestellt. Ebenfalls aufgedruckt war das Logo der PGA Germany (Professional Golfers Association), denn Marcel Fraas ist offizieller Sponsor der Internationalen PGA Senior Challenge.

Zukunftsperspektive:

Marcel Fraas ist davon überzeugt, daß gerade im sozialen Bereich viele Leistungen nur durch Unterstützung mit Spendengeldern aufrecht erhalten werden können. Als gut verdienender Bürger seiner Stadt begreift er es nachgerade als Verpflichtung, hier in die Bresche zu springen. Inzwischen kam bei einem zweiten Golfturnier eine ähnliche Summe für eine soziale Einrichtung der Nachbarstadt Bruchsal zusammen. Marcel Fraas plant bereits weitere Benefiz-Turniere.

5.2 Hotels mit sozialem Gewissen

Beispiel 1: Hotel Belvedere, Locarno

Peter Taylor und seine Frau Ursula sind Inhaber des Vier-Sterne-Hotels Belvedere im schweizerischen Locarno. Hoch über dem Lago Maggiore lädt das großzügig gestaltete Hotel seine Gäste zum Entspannen und Wohlfühlen ein. Peter Taylor faßt seine Philosophie zusammen: »Wir bieten jedem Gast die Grundvoraussetzungen für einen entspannten Urlaub – aufmerksamen Service, komfortable Unterbringung, gutes Essen. Daneben halten wir ein breites Angebot an sportlichen und kulturellen Aktivitäten bereit, die jeder Gast entsprechend seinen individuellen Bedürfnissen in Anspruch nehmen kann.«

Seit 1996 kommt einmal im Jahr eine ganz besondere Gruppe von Gästen in den Genuß dieses Wohlfühl-Konzepts. Auf eine Anfrage von Pfarrer Bernhard Stähli hin räumte der Hotelier einer 30köpfigen Gruppe von pflegebedürftigen alten Menschen, ihren 30 jugendlichen Betreuern sowie 12 ausgebildeten Fachkräften aus Belp bei Bern Sonderkonditionen ein. Denn ohne das Entgegenkommen des Hoteliers könnte sich diese Gruppe niemals den einwöchigen Aufenthalt in einem Vier-Sterne-Hotel leisten, zumal die Ferien komplett aus Spenden finanziert werden müssen.

Effekt für das Hotel:

Die Taylors sind davon überzeugt, daß es zu den Aufgaben eines guten Hotels gehört, auch solche Feriengäste gut zu empfangen. Den Effekt ihres Engagements sehen sie hauptsächlich in bezug auf ihre Mitarbeiter und sich selbst. Peter Taylor: »Für unsere Mitarbeiter ist der Besuch dieser Gruppe jedesmal etwas ganz Besonderes. Wir alle werden auf eine ganz andere Art und Weise gefordert, als wir es kennen. Wir müssen uns anstrengen, damit sich diese Gäste auch wirklich wohl fühlen, und ich denke, es gibt uns allen ein gutes Gefühl, wenn wir das schaffen.«

Nebeneffekt: Natürlich wird über den Besuch der Gruppe in Locarno in den Zeitungen sowohl in Locarno als auch in Bern berichtet. Dabei wird auch immer das Hotel und die Großzügigkeit der Taylors erwähnt.

Zukunftsperspektive:

Peter Taylor wird der Gruppe weiterhin Sonderkonditionen einräumen. Trotzdem ist der Aufenthalt etwas teurer als die früheren Reisen in ein Behinderten-Feriendorf. Pfarrer Stähli ist jetzt auf der Suche nach weiteren Sponsoren.

Beispiel 2: Holiday Inn, Sindelfingen

Jedes Jahr findet in dem Sindelfinger Hotel die regionale Blutspendeaktion des Deutschen Roten Kreuzes statt. Das Hotel stellt kostenlos die Räume zur Verfügung und sorgt für ein kalt-warmes Büffet, an dem die Blutspender wieder Kräfte sammeln können. Außerdem erhält jeder Spender ein Piccolo und nimmt an einer Verlosung teil. Als Gewinn winkt ein Wochenende in einem der Häuser der Hotelkette in Deutschland. Die ehrenamtlichen Helfer des Roten Kreuzes, die Blut abzapfen, werden abends mit einem Menü verwöhnt.

Der Hoteldirektor: »Wir wollen so etwas für die hiesige Bevölkerung tun und natürlich Aufmerksamkeit erregen.«

Effekt für Sponsor und Sponsoring-Nehmer:

Viele Leute kommen zum erstenmal in ein Hotel dieser Klasse und finden Gefallen daran. Sie kehren vielleicht einmal wieder als Restaurantgäste oder bringen eigene Gäste im Hotel unter. Durch Artikel in den lokalen und regionalen Zeitungen baut das Hotel ein positives Image auf.

Das Rote Kreuz gewinnt durch das »Lockmittel Hotel« neue Blutspender, die es sonst nie erreichen würde. Und es spart etwa 4.000 Mark Kosten sowie eine Menge Arbeit. Denn bei den anderen Blutspendeaktionen müssen die Mitarbeiter auch den Einkauf, die Essenszubereitung und den Abwasch übernehmen.

Zukunftsperspektive:

Das Holiday Inn möchte auch in den nächsten Jahren mit dem Roten Kreuz zusammenarbeiten.

5.3 Porzellan im Dienste der Natur

Die bundesweit bekannte Ludwigsburger Porzellanmanufaktur kann auf eine jahrelange Zusammenarbeit mit der Stiftung Europäisches Naturerbe (Euronatur) zurückblicken. Die Manufaktur gibt eine Wandtellerserie mit sechs Motiven heraus, die bedrohte Vogelarten darstellen. Auf einem Mokka-Dejeuner erfreut eine Blumenwiese mit Schmetterlingen das Auge. Von diesen Serien geht ein Teil des Verkaufspreises an die Stiftung, bei einem großen Wandteller immerhin 150 Mark pro Stück. Das Geld kommt der internationalen Aktion »Natur ohne Grenzen« zugute, die sich dem Biotopschutz verschrieben hat.

Effekt für den Sponsor:

Durch die Motive, mit denen das Porzellan bemalt wird, läßt sich ein direkter Bezug zum Sponsoring-Projekt herstellen. Geschäftsführer Bernd Bücker ist davon überzeugt, daß der Naturschutz für viele Käufer ein Anreiz zum Kauf dieser Serien ist: »Der Käufer erwirbt ein schönes Stück und hat die Gewißheit, etwas für die dargestellte Natur zu tun.« Die Porzellanmanufaktur erhöht damit ihre Kundenbindung und hat einen »Renner« im Programm.

Zukunftsperspektive:

Die Allianz zwischen Kunst und Natur ist für beide Seiten positiv und soll in den nächsten Jahren fortgesetzt werden. An Motiven für Tassen und Teller gibt es schließlich keinen Mangel.

5.4 Banken für ein Stück Heimat

Ebenfalls an die Stiftung Europäisches Naturerbe geht das Geld einer Gruppe von Banken, Bausparkassen und einer Immobiliengruppe im Raum Ludwigsburg. Die ortsansässigen bzw. in der Region tätigen Unternehmen engagieren sich in einem Modellprojekt zur Anlage eines Naturparadieses in Marbach am Neckar. Die Sünden der Vergangenheit, nämlich die Begradigung des Neckars, sollen so ein Stück weit rückgängig gemacht werden. »Mehr Umweltqualität«, so Walter Kotz von der an dem Projekt beteiligten Kreissparkasse Ludwigsburg, »bedeutet mehr Lebensqualität für die Menschen in dieser Region. Und das ist unser Anliegen. Wir wollen Dinge fördern, die den hier lebenden Menschen zugute kommen und damit natürlich auch unseren Mitarbeitern und ihren Familien.«

Effekt für die Sponsoren:

Die beteiligten Unternehmen versprechen sich natürlich einen positiven Imageeffekt. Dazu stellvertretend Walter Kotz: »Als Bank sind wir traditionell mit den Bürgern und dem Kreis verbunden. Wir wollen den Bürgern zeigen, daß sie auf uns zählen können, wenn es um die Verbesserung der Lebensqualität in unserer Region geht.« Die Immobiliengruppe Strenger Bauen und Wohnen möchte zusätzlich zeigen, daß man nicht beim ökologisch orientierten Bauen stehenbleibt, sondern darüber hinausschaut.

Zukunftsperspektive:

Die Zusammenarbeit zwischen Euronatur und den Sponsoren ist langfristig angelegt, denn auch das Projekt braucht seine Zeit. Für einige der Sponsoren ist dieses Projekt auch nicht das einzige. Die Kreissparkasse zum Beispiel engagiert sich auch in den Bereichen Kunst, Kultur und Bildung und bietet einen Service für Existenzgründer an.

5.5 Mediencafé – Initiative für mehr Information

Im April 1998 wurde in Böblingen ein Café der besonderen Art eingeweiht: Bei Kaffee und Kuchen können die Gäste dort im Internet surfen. Gemeinsam haben die öffentliche Hand und rund 40 große und kleine Sponsoren aus der Wirtschaft das Projekt zum Laufen gebracht. Auf der Internetseite des Mediencafés ist zu den Beweggründen der Sponsoren zu lesen: »Um Arbeitsplätze zu erhalten und neue zu schaffen und um langfristig mehr Menschen am wirtschaftlichen Erfolg teilhaben zu lassen, müssen Berührungsängste mit den Multimedia-Technologien genommen und facettenreiche Qualifizierungsangebote geschaffen werden.«

Und tatsächlich: Im Mediencafé kann jeder gegen einen geringen Obolus, der im übrigen für sozial schwächere Gruppen ermäßigt ist, die neuen Technologien ausprobieren, sich informieren und weiterqualifizieren. Dafür stehen 13 Multimedia-PC-Arbeitsplätze mit Druckeranschluß, Farbscanner, Farbdrucker und Internet-Infrastruktur sowie fachkundiges Personal zur Verfügung. Es gibt Aktionstage, Schulungen, Workshops, Vorführungen und Themenabende usw. Und es gibt auch Kaffee und Kuchen, andere Getränke und Snacks. Besonders stolz sind die Sponsoren, unter ihnen IBM, die Konditorei Frech und zahlreiche ortsansässige Handwerker, daß es ihnen gelungen ist, in nur einem Jahr das Projekt zu entwickeln und umzusetzen.

Effekt für die Sponsoren:

Bei diesem Projekt liegen die Erfolge für die Sponsoren nicht allein in der Wirkung ihres Engagements auf die Öffentlichkeit, sondern zum großen Teil auf interner Ebene. Sie alle haben als Unternehmen von der Zusammenarbeit am Projekt profitiert.

● Die Sponsoren werden auf der Homepage des Mediencafés genannt und können sich dort in einem festgelegten Rahmen auch selbst darstellen.

● Die Sachspenden der Computerfirmen sind natürlich direkt im Café sichtbar.

● Die an der Planung beteiligten Firmen und ihre Vertreter haben mächtig dazugelernt. Bruno Hölzer von Hewlett Packard, einem der Hauptsponsoren: »Wir alle zusammen haben das, was normalerweise nur mit sehr viel Geld zu machen ist, als Team mit Lernbereitschaft, Willen zum Erfolg und guter Kenntnis der Situation vor Ort, mit sehr wenig Geld und in kürzester Zeit geschafft. Darauf sind wir stolz.«

● Die beteiligten Firmen haben gelernt, welche Vorteile in der Zusammenarbeit liegen. Bruno Hölzer: »Wir haben dieselben Probleme, von der Zusammenarbeit können wir nur profitieren. Wir müssen uns überlegen, ob unser Verständnis von Wettbewerb im Zeitalter der Globalisierung noch stimmt und ihn eventuell neu gestalten.«

Zukunftsperspektive:

Die Sponsoren werden das Mediencafé weiterhin mit Sachleistungen und Knowhow unterstützen. Die Sponsoren verbinden mit dem Projekt auch die Hoffnung, daß das Mediencafé in absehbarer Zeit ein Unternehmen wird, das sich selbst trägt und Arbeitsplätze schafft. »Im Grunde«, so Bruno Hölzer von Hewlett Packard, »geben wir Steigbügelhilfe für ein junges Unternehmen.« Und bei einem Projekt soll es nicht bleiben. Der Arbeitskreis, in dem die Vertreter der beteiligten Unternehmen sitzen, ist bereits auf der Suche nach dem nächsten Projekt.

5.6 Sponsoring als Motivationsschub

Manfred Maus, geschäftsführender Gesellschafter der Baumarktkette OBI, betreibt Sport-Sponsoring als Firmenphilosophie und motiviert mit dem Vergleich zum Sport seine Mitarbeiter. Seit 1990 zählt das Unternehmen mit über fünf Milliarden Mark Umsatz zum Kreis jener Marken und Firmen, die mit den olympischen Ringen werben dürfen. Dafür zahlt das Unternehmen in einem Vierjahresrhythmus zwei Millionen Mark an das Team Olympia des Nationalen Olympischen Komitees (NOK). Ein Biber mit der olympischen Flamme ist seither das Erkennungszeichen, das in den mehr als 320 OBI-Märkten und auf Prospekten allgegenwärtig ist.

Effekt für die Sponsoren:

Zum einen ist der Biber inzwischen zum Synonym für die OBI-Baumärkte geworden – ein echtes Maskottchen. Viel wichtiger für Manfred Maus ist jedoch, daß der olympische Geist seine Mitarbeiter erfaßt. Sie sollen sich durch den Biber mit der olympischen Flamme zu besserer bzw. optimaler Leistung angespornt fühlen und so OBI über die Konkurrenz heben.

Zukunftsperspektive:

Die Baumarktkette hat nicht die Absicht, ihr Engagement aufzugeben, denn nach wie vor bietet es zusätzlich zur Stärkung der Firmenphilosophie zahlreiche Anläße, etwas Besonderes zu tun. So wurden beispielsweise während der olympischen Spiele in Atlanta die »OBI-Olympics« veranstaltet, eine Art Heimwerker-Olympiade, bei der es neben der Schulung durch Fachleute auch Preise für besonders gute Leistungen zu gewinnen gab.

Anhang: Literatur

Becker, Bettina M.: Unternehmen zwischen Sponsoring und Mäzenatentum. Motive, Chancen und Grenzen unternehmerischen Kunst-Engagements. Frankfurt/New York 1994.

Brückner, Michael: So machen Sie Ihren Verein erfolgreich. Wien 1996.

Brückner, Michael/Przyklenk, Andrea: Event-Marketing. Wien 1998.

Bruhn, Manfred: Sponsoring, Unternehmen als Mäzene und Sponsoren. 2. Auflage, Frankfurt 1991.

Meffert, Heribert: Lexikon der aktuellen Marketingbegriffe. Wien 1994.

Roth, Peter: Kultursponsoring. Meinungen, Chancen und Probleme, Konzepte, Beispiele. Landsberg am Lech 1989.

Walliser, Björn: Sponsoring, Bedeutung, Wirkung und Kontrollmöglichkeiten. Wiesbaden 1995.

Folgende Titel der »New-Business-Line«-Reihe sind lieferbar:

Management

Marketing/Verkauf/PR